Dietz

Dietz
Taschen
buch 71

Anja Ruf

Weltwärts Schwestern!

Von der Weltfrauenkonferenz in die globale Zukunft

Verlag J.H.W. Dietz Nachfolger

Diese Publikation wurde vom Kirchlichen Entwicklungsdienst
der evangelischen Kirche durch den ABP gefördert.

Alle Textpassagen aus dem Englischen wurden von der Autorin übertragen.

Die Deutsche Bibliothek – CIP-Einheitsaufnahme

Ruf, Anja:
Weltwärts Schwestern! : Von der Weltfrauenkonferenz in
die globale Zukunft / Anja Ruf. - Bonn : Dietz, 1996
(Dietz-Taschenbuch ; 71)
ISBN 3-8012-3071-6

In der Raste 2, D-53129 Bonn
Lektorat: Christine Buchheit
Umschlaggestaltung: Manfred Waller, Reinbek
unter Verwendung eines Fotos von Claudia Gleisner, Bochum
Abbildung Seite 119 von Helga Hansi, Halstenbek;
alle anderen Abbildungen von Claudia Gleisner, Bochum
Druck und Verarbeitung: Ebner Ulm

Printed in Germany 1996

Inhalt

Vorwort

Als mir der Verlag für dieses Buch den Titel „Weltwärts, Schwestern!“ vorschlug, waren meine Gefühle zwiespältig. Meine erste Reaktion bestand in Abwehr. Denn kämpferisches Pathos liegt derzeit nicht im Trend des Zeitgeistes, und Schwesterlichkeit ist out, aus der Mode gekommen. Ältere Feministinnen, gebeutelt von Konkurrenzkämpfen in Frauenprojekten oder akademischen Berufen, glauben nicht mehr an sie, die Ideale von einst rufen in ihnen eher ein peinlich berührtes Lächeln hervor. Jüngere Frauen hingegen begreifen sich selbst oft nicht als Feministinnen. Selbst bei Vorbereitungstagungen für die Weltfrauenkonferenz wurde – wenn überhaupt – statt von weltweiter Schwesterlichkeit lieber von „Global Sisterhood“ gesprochen, versehen mit einem großen Fragezeichen. Da brauchte sich dann keine so persönlich gemeint zu fühlen.

Warum also doch „Weltwärts, Schwestern“? Beim Forum der 30.000 Frauen in Huairou, das der offiziellen Weltfrauenkonferenz in Peking vorausging, war „Sister“ eine oftgehörte Anrede, Schwesterlichkeit eine tragende, verbindende Emotion. Es erschien mir bei näherem Überlegen falsch, die Frauen hier schon dadurch von der Gemeinsamkeit mit Frauen in anderen Teilen der Welt auszunehmen, daß ich den Begriff nicht verwende. So entschied ich mich, gegen den Strom des Zeitgeistes und der Desillusionierung zu schwimmen und es der Leserin zu überlassen, ob sie den Titel als ironische Anspielung oder als ernstgemeinte Aufforderung versteht. Vielleicht werden wir noch lange brauchen, bis wir wieder ernsthaft und voller Respekt „Schwestern“ zueinander sagen können. Das Buch jedenfalls fordert auf zum Weg in eine Zukunft, in der auch wir diesen Begriff ohne Scheu benützen können.

Auf den Weg nach Peking und Huairou hatten sich – verglichen mit den vorhergehenden UN-Konferenzen – erstaunlich viele deutsche Frauen gemacht. Sicher war dies auch eine Reaktion auf die Verschärfung des Asylrechts, das Schließen der Grenzen: Wenn die Welt nicht mehr zu uns kommen kann, müssen wir zur Welt kommen. Das Bedürfnis, in die Nähe der „fernen Schwestern" zu gelangen, konnte auch durch Hindernisse, die von der Reisefinanzierung bis zur Visaerteilung reichten, nicht erstickt werden. Trotzdem muß ich warnend vorausschicken: Was wir in Beijing und Huairou fanden, war nicht die tolle Schwester aus dem Süden, die wir dort gerne getroffen hätten.

Wir stellen uns diese Süd-Schwester idealerweise so vor: Sie ist schön, klug, mutig, kommt aus einem Bergdorf oder den Slums, lebt zwischen vitalen, armen Frauen, schaut niemals CNN, ist brillant in ihren Analysen, rhetorisch besser als jeder Harvard-Professor, auf der Höhe aller internationalen Debatten, unkorrumpiert vom Kommerz, uninteressiert an den Annehmlichkeiten westlicher Zivilisation, unangefochten von Selbstzweifeln. Kinder hat sie keine, falls doch, dann welche, die sie nicht daran hindern, als Vertreterin des Südens durch die Kontinente zu jetten. Sie ist in jeder Hinsicht unabhängig, der Erde nahe, von den Regierungen umworben, jedoch gegen politische Umarmungsstrategien ebenso resistent wie gegen die Verlockung von Kleinkrediten. Sie sucht niemals die Nähe der Mächtigen, beeinflußt mit ihrer Radikalität aber nachhaltig internationale Politik. Sie weigert sich, die Welt zu retten, und verbindet Subsistenzproduktion mit dem Entwerfen alternativer Visionen, die sie bei jedem Auftritt schriftlich in ausreichender Kopienzahl dabei hat, damit wir sie mühelos zitieren können. Sie ist, kurz gesagt, die Schwester, die wir sein wollten, als wir noch von Schwesterlichkeit träumten: dem patriarchalen Weltsystem in jeder Hinsicht überlegen.

Nun, diese Frau fanden wir beim Forum in China nicht. Sie erwies sich als Ausgeburt unserer Phantasie. Aber auch das von chinesischen Sicherheitskräften bedrängte und zum Verstummen gebrachte Opfer, das die deutsche Presseberichterstattung über das NGO-Forum so in den Vordergrund stellte, hat in Wirklichkeit in dieser Form niemals existiert. Was aber fanden wir dann? Feminismus ist heute weniger denn je eine Bewegung weißer Mittelschichtfrauen – und entspricht auch nicht deren Projektionen. Doch es gibt eine internationale Frauenbewegung, die für globale Veränderung eintritt.

Hier muß ich nun statt von „uns“ von mir sprechen, denn mein Blick auf die Bewegung(en) von Frauen des Südens, Women of Color, indigenen Frauen, aber auch auf die Beteiligung westlicher Frauen ist durchaus subjektiv. In diesem Buch möchte ich Einblicke in den Vorbereitungsprozeß für Beijing, das Forum der Nichtregierungsorganisationen und die Regierungskonferenz in China geben, denn obwohl die Weltfrauenkonferenz schon wieder vorbei ist, so wird sie doch inhaltlich noch lange Zeit von Bedeutung sein. Außerdem werde ich zwei wichtige Themen der erdumspannenden Mobilisierung aufgreifen: Globalisierung und Vielfalt. Und dabei vom „ich“ wieder zum „wir“ kommen. Denn aus der Beschäftigung mit den Inhalten, Prinzipien, Ausdrucksformen internationaler Frauenbewegung und Frauenpolitik kann auch für uns in Deutschland Zukunft erwachsen. In diesem Sinne: Weltwärts, Schwestern!

Wir balancieren auf der Schwelle des Jahrtausends – Schutt und Asche hinter uns, keine Landkarte vor uns, der Geschmack der Furcht schärft unsere Zungen. Aber wir werden den Sprung wagen. Unsere Vorstellungskraft zu gebrauchen, ist ein Akt der Schöpfung. Der Schöpfungsakt ist eine Willensanstrengung. ALL DIESES IST POLITISCH. UND ES IST MÖGLICH. Brot. Ein klarer Himmel. Frieden. Irgendwo der Gesang einer Frauenstimme, die Melodie steigt auf wie der Rauch eines Herdfeuers. Die Armee aufgelöst, die Ernte reichlich. Die Wunde geheilt, das Kind gewollt, der Gefangene befreit, der Körper unversehrt und respektiert, der/die Geliebte zurückgekehrt. Magische Fähigkeiten, die die Zeichen mit Bedeutung versehen. Unsere Arbeit gleichberechtigt, fair, anerkannt. Vergnügen bei der Herausforderung, Probleme durch Konsensfindung zu lösen. Keine Hand zu einer anderen Geste als der des Grüßens erhoben. Sichere Innenwelten – Herz, Heim, Land –, so stark, daß sichere Grenzen überflüssig werden. Und überall Lachen, Fürsorge, Feierlichkeiten, Tanz, Zufriedenheit. Ein bescheidenes Paradies hier und jetzt. Wir werden es wirklich machen. Wir werden es unser eigen machen. Wir werden Politik machen, Geschichte, Frieden. Wir werden es erreichbar machen, Unfug machen, einen Unterschied setzen, Liebe machen, Verbindungen knüpfen, das Wunder wahr machen, bereit sein. GLAUBT ES. WIR SIND DIE FRAUEN, DIE DIE WELT UMGESTALTEN WERDEN.

(Aus: A Women's Creed. The Declaration of the Women's Global Strategies Meeting. Geschrieben von Robin Morgan, in Zusammenarbeit mit Perdita Huston, Suneta Puri, Mahnaz Afkhami, Diane Faulkner, Corinne Kumar, Sima Wali und Paola Melchiori, beim Strategietreffen der internationalen Frauen- und Umweltorganisation WEDO,1994)

Kundgebung der Frauen in Schwarz

Teil I:
Der Beijing-Prozeß

Demokratie ist wie ein Regenbogen. Der nationale und internationale Vorbereitungsprozeß

Zurück aus Beijing – auf nach Beijing!

In der Tagespresse hatte Peking schon unmittelbar nach der Konferenz aufgehört, Thema zu sein. Ein Journal zur Konferenz, das auf meinem Schreibtisch liegt, ist bereits Rückblick. Links unten auf dem Titelblatt: das Foto einer Afrikanerin mit einer Trommel um den Bauch. Sie biegt sich in einer Bewegung aus Ekstase, Schmerz und Kraft, die Arme weit geöffnet. Der knallgelbe Umschlag des Heftes paßt zum gelben Kleid der Trommlerin und verleiht der Szene einen postmodernen Anstrich. Sie fügt sich ein in die Warenästhetik der Illustrierten und Magazine, auch wenn der Gesichtsausdruck der Afrikanerin keinerlei Ähnlichkeit mit dem eines Models hat. Bewegung zur Pose erstarrt. Beijing ist vorbei.

Was bleibt im kollektiven Frauengedächtnis? Was bleibt im Gedächtnis der westlichen Gesellschaften? Und was in meiner Erinnerung? Wenn ich die Augen schließe, sehe ich immer noch Beijing vor mir. Oder eigentlich nicht Peking, sondern Huairou: das Forum der Nichtregierungsorganisationen. Und nicht Sonne, kein gleichbleibend helles Licht wie noch vor einem Jahr bei der Weltbevölkerungskonferenz in Kairo, sondern grauen Himmel, Regen. Auch in Frankfurt regnet es. Aber die nassen Straßen wirken merkwürdig leer: keine endlosen Prozessionen von Frauen aus aller Welt mehr. Keine gestikulierenden Gruppen mehr. Nicht mehr ihr selbstbewußter Gang, nicht mehr ihr Ruhen in sich selbst bei gleichzeitiger Offenheit für und Bezogenheit auf die anderen. Nicht mehr ihre Würde, unantastbar von äußeren Unbilden wie Nässe und Schlamm.

Etwas fehlt. Wer nicht in Huairou war, weiß vielleicht nicht, daß es existiert. Auch hier in Deutschland gibt es Menschen aller Hautfarben und Nationalitäten. Aber im Gegensatz zur eindrucksvollen Präsenz der Frauen in Huairou bewegen sie sich auf den

Straßen, als wären sie Schemen, gar nicht wirklich da. Sie drücken sich stumm auf die Sitzbänke der S-Bahn. Wir zwingen sie dazu, unsichtbar zu werden. So leben wir eingekapselt in unserer weißen Welt, ohne ein wirkliches Gegenüber, das „weiß“ zu einer Farbe machen könnte anstatt zu einem Privileg. Zu einer Farbe wie schwarz, braun oder gelb. Und uns damit zu menschlichen Wesen zwischen anderen, ohne besondere Vorrechte und ohne besondere Bedeutung außer der, die uns vielleicht irgendwann im Prozeß globaler Frauenpolitik zuerkannt werden wird – wenn wir nicht aufgeben.

In Huairou liefen die weißen Deutschen staunend an den „anderen“ vorbei. „Wir“ schloß sie nicht ein. Sie waren fremde Frauen in bunten Gewändern, die man von außen sah. Man hörte ihnen zu und wurde nach ein paar Tagen Bestandteil der Scharen, die sich von früh bis spät über das Forumsgelände schoben. Aber die Gesichter der deutschen Forumsteilnehmerinnen zeigten oft Überdruß, waren überfordert, übermüdet, leer. Sie kamen nicht damit zurecht, Teil der vielen zu sein, ohne besondere Bedeutung und ohne tieferen inneren Zusammenhang zu den Frauen aus den anderen Regionen der Welt.

Nun fehlen sie mir, die fremden Frauen. Etwas von mir ist zum Teil von ihnen geworden und dort geblieben, etwas von mir, das vorher nicht war. Etwas, das entstanden ist durch die Gegenwart der 30.000. Vielleicht haben sie es mitgenommen in ihre Länder, unwissentlich? Im Flugzeug saß vor mir eine Schwarze, deren Taschen und Schachteln ein ganzes Gepäckfach füllten. Mitbringsel, sagte sie zu mir. Vielleicht war zwischen all diese Gaben für ihre Daheimgebliebenen etwas dazwischengerutscht, ein paar Moleküle vielleicht nur, die vage Ahnung einer Möglichkeit, unauffällig wie Staubkörner? In welches Land hat sie dieses Etwas – diese Ahnung dessen, was und wer wir zukünftig sein könnten – fortgetragen? Ich weiß es nicht einmal, denn sie wechselte nach kurzer Zeit ihren Sitz und ich hatte sie nicht gefragt, wohin die Reise ging.

So war die Weltfrauenkonferenz Station einer Reise, von der wir nicht wußten, wo sie hingehen würde, noch lernten wir die wirklich kennen, mit denen wir für eine kurze Weile zusammen reisten. Gerade zurückgekehrt, werde ich mich nun noch einmal auf den Weg machen, um das Ereignis „Beijing" zu verstehen – und es als Teil nationaler und internationaler Prozesse verständlich zu machen. In diesen Prozessen liegt die eigentliche Bedeutung der Weltfrauenkonferenz. Sie sind es auch, die über Huairou und Beijing hinausführen werden, und die dem individuellen Erleben einen Sinn geben.

Die Vorbereitung: weltweit, weitverzweigt, vielschichtig

Der weltweite Vorbereitungsprozeß für die vierte Weltfrauenkonferenz war weitverzweigt und vielschichtig. Lateinamerikanerinnen produzierten Videoclips, um in spanischer, portugiesischer, englischer und französischer Sprache die Öffentlichkeit für die Ziele der Konferenz zu sensibilisieren. In Honduras kämpften Frauengruppen gegen die Demagogie ultrakonservativer Katholiken, die von der Kanzel herab verkündeten, die Weltkonferenz werde eine „Kultur des Todes" etablieren. Vertreterinnen aus sieben arabischen Ländern versammelten sich, um eine Studie über die Situation von Frauen zu diskutieren. Frauen aus Tunesien, Algerien und Marrokko erarbeiteten einen Gesetzeskodex, der die volle Gleichstellung von Frauen im privaten und öffentlichen Leben garantieren soll. Japanerinnen setzten das Thema der „Komfortfrauen", der erzwungenen Prostitution südkoreanischer und chinesischer Frauen während der Kolonisierung Asiens durch Japan auf die Tagesordnung. In Hawaii versammelten sich zu einer Vorkonferenz für Beijing so unterschiedliche Frauen wie eine „Unberührbare" aus Indien, eine Mikronesierin und eine Frau aus Usbekistan, deren afroamerikanische Großeltern nach der russischen Revolution in die Sowjetunion eingewandert waren. Initiiert und miteinander verknüpft wurden die Vorbereitungsaktivitäten zumindest teilweise durch die großen, kontinentübergreifenden Frauennetzwerke. Hinzu kam eine Serie von UN-Vorkonferenzen, bei denen die regionalen Aktionsplattformen für Asien und den Pazifik, Lateinamerika und die Karibik, Nordamerika und Europa, Westasien und Afrika erstellt wurden. Es ist unmöglich, die Vielheit von Aktivitäten, das bunte Prisma von Facetten auch nur annähernd wiederzugeben. Deswegen sollen einige Prozesse herausgegriffen und schlaglichtartig beleuchtet werden, beginnend mit der Vorbereitung in Deutschland.

Auch die bundesrepublikanischen Vorbereitungen waren breitgefächert. Da waren einmal die Tagungen und Publikationen des NRO-Frauenforums – der Dachorganisation entwicklungspolitisch aktiver Frauen –, an denen sich auch viele Vertreterinnen der Frauenbewegung beteiligten. Diese diskutierten zugleich in ihren eigenen vernetzten Strukturen, wie beispielsweise dem Bundesverband der ca. 300 deutschen Mütterzentren. Der zweite große Strang war der Vorbereitungsprozeß des Deutschen Frauenrates, unter dessen Dach sich die deutschen Frauenverbände versammeln, der dritte die Arbeit des Nationalen Vorbereitungskomitees des Frauenministeriums, das eine Geschäftsstelle sowie zwölf nationale AGs ins Leben rief. Aber auch die verschiedenen politischen Stiftungen und die Kirchen führten vorbereitende Aktivitäten durch. Und last but not least ist der weitgehend eigenständige, separat durchgeführte Vorbereitungsprozeß der „Ostfrauen" zu nennen. Als Resultat dieser zwar größtenteils im Verborgenen blühenden, jedoch viele unterschiedliche Spektren einbindenden Vorbereitungen reisten später etwa 750 deutsche Frauen nach Peking.

Diese Aufzählung soll tatsächlich als „Nebeneinander" verstanden werden, da auch für Deutschland gilt, was eine südasiatische NGO-Vertreterin in China über den „Beijing-Prozeß" in ihrer Region sagte: Da keine Gruppe ihn für sich beanspruchen könne, habe er nicht zuletzt die intellektuellen Eigentumsrechte verändert. Er gehöre allen, die daran teilgenommen haben. Auch wenn in Deutschland die unterschiedlichen Gruppierungen nicht frei sind von besitzergreifendem Konkurrenzdenken, lag ihre eigentliche Stärke darin, trotz teilweise konträrer Positionen zusammenzuarbeiten. Dabei blieben allerdings auch massive Rückschläge nicht aus. Zu erwähnen ist hier insbesondere der Umgang der Bundesregierung mit den Arbeitsergebnissen der deutschen Frauenbewegung vor Peking. Besser gesagt: Der Umgang des Ministeriums, das zu Beginn der Peking-Vorbereitung noch Ministerium für Frauen und Jugend hieß, dann später in Ministerium für Familie, Senioren, Frauen und Jugend umgetauft wurde. Anstatt daß ein schlagkräftiges Frauenministerium und eine entschlossene Frauenbewegung der männerdominierten Regierung Druck machten, spielten sich die Auseinandersetzungen wie unter einer Käseglocke zwischen den Frauenorganisationen und dem Merkel- bzw. dann Nolte-Ministerium ab. Mehrere Personalwechsel auf der Leitungsebene dieses Ministeriums erschwerten diese Auseinandersetzungen noch zusätzlich.

In zwölf nationalen Arbeitsgruppen erstellten Vertreterinnen von Frauenorganisationen parallel zur Arbeit des offiziellen Vorbereitungskomitees Berichte zur Situation von Frauen in Deutschland. Der Teilnehmerinnenkreis überschnitt sich zum Teil mit dem der NRO-Frauen, reichte aber auch um einiges darüber hinaus, umfaßte eine breite Palette von Frauen in West und Ost. Mit dem Merkel-Ministerium, das diese Gruppen initiiert hatte, war vereinbart, daß jede einen fünfseitigen schriftlichen Kurzbericht und eine zwanzigseitige Langfassung vorlegen sollte. Die Kurzberichte der AGs sollten dem nationalen Bericht der Bundesregierung als Anhang angefügt werden. Doch als der dann im Oktober 1994 erschien, war von einem solchen Anhang keine Spur zu entdecken. In einer Art vorauseilenden Gehorsams war vielmehr ein Bericht erstellt worden, von dem das Frauenministerium annahm, daß er anstandslos das Kabinett passieren würde. Das tat er auch – nur die Frauenbewegung war sauer über derlei Schönfärberei und die Abwertung der Arbeit, die sie geleistet hatte. Doch die Berichte der AGs – zu Themen wie Gewalt gegen Frauen, wirtschaftliche und soziale Sicherheit der Frau, Flüchtlingsfrauen – waren zu kritisch und zu unbequem, um Aufnahme in einen Regierungsbericht zu finden. Ein schwerer Schlag für die beteiligten Frauen, der sich im Vorfeld der Konferenz als demobilisierend erwies.

Beijing kostete die Frauen viel Engagement – größtenteils ehrenamtliches – und viel Eigeninitiative. Nur wer sich in einen der Vorbereitungskreise einbrachte, hatte überhaupt Zugang zu den Informationen und Debatten. Bis auf die kurze Zeit, in der die Konferenz in Beijing stattfand, war sie kein Thema des gesellschaftlichen „Mainstreams". Vernetzung und Kooperation waren also schon notwendig, um Beijing mit vereinten Kräften ins gesellschaftliche Bewußtsein zu bringen. Wenn ich das Beispiel des NRO-Frauenforums herausgreife, um den Vorbereitungsprozeß zu veranschaulichen, dann deswegen, weil hier die internationale Ausrichtung am stärksten war.

Das NRO-Frauenforum: Gegenentwürfe auf dünnem Eis

Der nationale Vorbereitungsprozeß auf die Weltfrauenkonferenz begann im Herbst 1992, in einer Zeit, als die Krise des herrschenden Entwicklungsmodells auch auf Deutschland durchschlug. In der deutschen Gesellschaft wurde die soziale Misere und Perspektivlosigkeit zunehmend auf äußere und innere Feindbilder projiziert. Bei denen, die damit nicht einverstanden waren, bestand ein – oftmals noch vager, unartikulierter, noch nicht begriffener – Bedarf danach, diesen Tendenzen durch Gegenentwürfe zu begegnen. Und es ist nicht verwunderlich, daß die Entwürfe für eine alternative Weltentwicklung, ebenso wie die Anstrengungen zu deren konkreter Umsetzung, in erster Linie von Frauen des Südens kamen. Sind sie es doch, die weitaus direkter als die Menschen hier von der Gewalt der Armut und der Umweltzerstörung wie auch von der Ausbeutung ihrer Arbeitskraft und ihrer Körper betroffen sind. Während kritische Intellektuelle in der Bundesrepublik den Boden unter den Füßen verloren durch die Wucht der ökonomisch-gesellschaftlichen Entwicklungen, hatten und haben die Frauen des Südens andere Grundlagen für ihr Handeln: Grundlagen, in denen die Folgen der herrschenden Weltwirtschaftsordnung schon durchlitten und verarbeitet sind. Sie waren es also, von denen die Impulse für die Entwicklung globaler Modelle ausgingen. Diese Modelle mußten mehr sein als nur abstrakte Gesellschaftskritik, mußten einen materiellen Kern haben – und die Menschen in den westlichen Gesellschaften einbeziehen.

Die bevorstehende Weltfrauenkonferenz bot sich für dieses Vorhaben an. So spielten Frauen aus dem Süden im und für den autonomen Vorbereitungsprozeß in Deutschland von Anfang an eine wichtige Rolle. Die Vorbereitungsarbeit des NRO-Frauenforums hatte einen stark internationalen Bezug. Hier fiel nicht nur das Plädoyer von Südfrauen für ein neues Entwicklungsparadigma in Süd und Nord auf fruchtbaren Boden, sondern dieser Zusammenschluß von Frauen aus entwicklungspolitischen Organisationen, autonomen Verbänden, Migrantinnengruppen sowie aus Wissenschaft und Forschung war in der Auseinandersetzung mit dem bestehenden, „zutiefst destruktiven Entwicklungsmodell" zu der Erkenntnis gelangt: „Es müssen, gemeinsam mit anderen sozialen Bewegungen, Alternativen für eine Weltgesellschaft ohne Diskriminierung, Armut und Gewalt gefunden werden" (aus der Selbstdarstellung des NRO-Frauenforums).

Das NRO-Frauenforum führte insgesamt vier vorbereitende Tagungen durch. Bei der ersten im Bonner Gustav-Stresemann-Institut im November 1992 trafen sich über achtzig Vertreterinnen der Frauenbewegung unter dem Motto: „Die Erde l(i)ebenswert gestalten. Frauen für eine neue Weltinnenpolitik." Auch wenn dieser Titel etwas naiv klang, steckte dahinter ein ernstzunehmendes Arbeiten an Perspektiven. Und zwar an globalen Perspektiven, die über den Tellerrand des von Tagesereignissen beanspruchten Bewußtseins hinausführten. DAWN, ein Netzwerk von Frauen aus Afrika, Asien und Lateinamerika (das Kürzel bedeutet „Morgendämmerung" und steht für „Development Alternatives of Women for a New Era"), hatte die Frauen des Nordens eingeladen, eine gemeinsame inhaltliche Grundlage für die Weltfrauenkonferenz 1995 zu erarbeiten. Diese sollte neue Zugänge zu globaler Entwicklung aufzeigen. In einem Studien- und Diskussionsprozeß sollte sich herauskristallisieren, wie Frauen sich Entwicklung vorstellen und welche konkreten Veränderungen sie im Süden und im Norden anstreben. Koordiniert und vorangetrieben wurde diese Arbeit auf europäischer Ebene von WIDE (Women in Development Europe), einem frauen- und entwicklungspolitischen Netzwerk mit Untergruppen in verschiedenen europäischen Ländern. Aus der Arbeit entstanden schließlich Publikationen zu alternativen Wirtschafts- und Gesellschaftsvorstellungen, die WIDE gemeinsam mit DAWN bei der Weltfrauenkonferenz vorlegte.

Bereits bei der letzten Weltfrauenkonferenz in Nairobi 1985 war DAWN mit Visionen alternativer Weltentwicklung in Erscheinung getreten. Das Papier der „Dritt-Welt"-Feministinnen beeinflußte nachhaltig die internationale Frauendebatte. Waren die UN-Frauenkonferenzen zunächst an einer wirklichen Gleichstellung von Frauen in allen Teilen der Welt orientiert gewesen, so zeigte sich in Nairobi bereits die enorme Kluft zwischen diesem Ziel und der Realität. Das zusammengetragene Datenmaterial machte deutlich, daß der Zugang von Frauen zu ökonomischen Ressourcen, zu Einkommen und Beschäftigung sich noch erschwert hatte, ebenso wie ihr Status hinsichtlich Gesundheit, Ernährung und Bildung sich verschlechtert hatte. Auf der Grundlage dieser Erkenntnis lag der Gedanke nahe, daß Gleichheitsforderungen allein nicht ausreichen, um die Probleme an der Wurzel zu fassen. Vielmehr müssen die grundlegenden strukturellen Ungleichheitsverhältnisse in der Welt analysiert werden, um zu ökonomischer und sozialer Gerechtigkeit, Frieden und Entwicklung – frei von allen Formen der Unterdrückung – zu gelangen. Hier gewann DAWN mit seiner „Globalsicht von unten" (einer strukturellen Verknüpfung der Mikro- und Makroebene, verbunden mit feministischen Langzeitvisionen) große Wichtigkeit. In den Jahren danach zeigte sich allerdings die Beschränktheit einer Arbeit, die die Industrieländer – mit ihrem auf Ausbeutung und Überkonsum beruhenden Wirtschaftsmodell das größte Hindernis für eine gerechte Entwicklung in der Welt – nicht einbezieht.

Das für die Weltfrauenkonferenz 1995 geplante gemeinsame Grundlagenpapier war also auch ein Vehikel, den – aus globalfeministischer Sicht so notwendigen – Diskussionsprozeß hier in die Gänge zu bringen. Peggy Antrobus, Koordinatorin von

DAWN, eröffnete bei der Tagung in Bonn den Dialog mit der deutschen Frauenbewegung. Die war bei vorhergehenden internationalen Konferenzen nur spärlich vertreten gewesen. Jetzt jedoch waren Frauen aus autonomen Frauengruppen, -projekten und Beratungsstellen ebenso lebhaft bei der Sache wie Wissenschaftlerinnen, Journalistinnen oder Gleichstellungsbeauftragte.

Antrobus beleuchtete die Notwendigkeit einer ganzheitlichen Analyse aus der Sicht des Südens und die Schaffung von alternativen ökonomischen Rahmenwerken. Die Verbindung zwischen den ökonomischen, sozialen und politischen Problemen müsse herausgearbeitet werden – „wir brauchen einen breit angelegten Entwurf", gerade auch um das zu tun, was DAWN anstrebt, nämlich „das Geschlecht als Grundlage zu nehmen". Die gemeinsame Betroffenheit durch die Unterdrückung als Geschlecht und die Suche nach „Empowerment", der Machtbildung in der Hand von Frauen, verbinde die Süd- und die Nordfrauen trotz aller Unterschiede. Aber übersehen werden dürfe nicht, daß es neben den Fragen, die alle betreffen, auch die speziellen Prioriäten der Südfrauen gibt.

Hier lag der Knackpunkt, um den während der Tagung zahlreiche Diskussionen kreisten. Auch wenn viele der versammelten Frauen Peggy Antrobus darin zustimmten, daß die eigentliche Herausforderung für die Frauen des Nordens die Kritik des eigenen Systems sei, erwies es sich doch als schwierig, in der Dimension Süd-Nord, Nord-Süd zu denken. Der Versuch, die Süd-Schwerpunkte zu berücksichtigen und zugleich von den eigenen Erfahrungen her den Norden zu kritisieren, stieß immer wieder auf dieselbe Schwierigkeit. Nämlich die, entweder allzu schnell die Frauen des Südens und deren Situation im Blick zu haben (und dabei in die alte caritative Rolle zu verfallen), oder aber sie aus dem Gesichtsfeld zu verlieren und nur die Gesellschaft hier vor Augen zu haben. Und das hieße auch: den Schwerpunkt wieder auf die eigenen Belange und Interessen zu setzen und in der Konsequenz den bornierten Blickwinkel der Nordfrauen beizubehalten.

Gerade der – das wurde deutlich – hemmte und hemmt auch die Frauenbewegung in Deutschland in ihrer Entwicklung. Die Bonner

Tagung 1992 geriet deswegen zu einem zögernden Herantasten an eine Globalsicht, war ein erstes zaghaftes Einbinden der Erfahrungen hier in eine Makroanalyse der wirtschaftlichen und gesellschaftlichen Verhältnisse in der Welt. Zahlreiche Themen der deutschen Frauenbewegung aus den letzten Jahren und Jahrzehnten tauchten in Bonn wieder auf, um jedesmal mit der Frage versehen zu werden: „Und was bedeutet das für die Frauen des Südens?" Der Süd-Nord-Dialog, den DAWN eingeleitet hat, setzte so zunächst einmal einen Dialog zwischen den anwesenden Nordfrauen und einen Prozeß der Reflexion und des Weiterdenkens bei ihnen in Gang. Einig waren sich autonome Frauen und Frauen aus Institutionen zum Schluß der Tagung darin, daß der begonnene Prozeß hin zu einem gemeinsamen Grundlagenpapier unbedingt fortgeführt werden soll.

Die Forderung nach einem neuen Entwicklungsbegriff – würde sie, wenn nicht zu einem Paradigmenwechsel, so doch zumindest zu einer Horizonterweiterung und Perspektivveränderung der Frauenbewegung oder überhaupt sozialer Bewegungen hierzulande führen? Und würde diese in gemeinsame Strategien münden? „Frauen für eine neue Weltinnenpolitik, Teil II" fand im Oktober 1993 statt. Im Gegensatz zum letzten Jahr waren diesmal eine Reihe von Frauen aus den neuen Bundesländern da, die eine Auseinandersetzung mit großem Elan einforderten. Sie wiesen immer wieder darauf hin, daß bislang die Erfahrungen und Sichtweisen von „Ostfrauen" in der Vorbereitung zur Weltfrauenkonferenz noch weitgehend fehlten. Ihre Beiträge zur Geschlechterordnung in der ehemaligen DDR und zur aktuellen Situation für Frauen dort wurden von den Tagungsteilnehmerinnen als sehr informativ und wertvoll empfunden. Andererseits waren sie aber auch nur Teil eines Riesenprogramms.

In zweieinhalb Tagen behandelten über achtzig Teilnehmerinnen die vierte Weltfrauenkonferenz 1995 in Peking, die Weltbevölkerungskonferenz 1994 in Kairo und den Frauen-Streiktag 1994, der von einem breiten bundesweiten Bündnis getragen wurde. Arbeit in Gruppen ergänzte dieses weitgesteckte Programm. „Brennpunkte der frauen- und entwicklungspolitischen

Diskussion“ wurden durch Referentinnen verschiedener Studien- und Arbeitskreise, die sich zur Vorbereitung der Weltfrauenkonferenz im NGO-Spektrum gebildet haben, dargestellt und anschließend in AGs diskutiert. Eines der zentralen Themen dabei war Bevölkerungspolitik. Weitere Schwerpunkte der Referate und Arbeitsgruppen: „Gewalt an Frauen“, „Ökonomie, Ökologie und Entwicklung“ und „Demokratie, Menschenrechte, Teilhabe“.

Ein internationaler Dialog zwischen Frauen des Südens, des Nordens, des Ostens, der die Tiefe der Unterschiede berücksichtigt und zugleich gemeinsame Perspektiven schafft – dieses Vorhaben stieß auf wachsendes Interesse und schien trotz aller Hindernisse realisierbar. Die Hindernisse wurden jedoch in der Folgezeit immer spürbarer. Nicht nur war bereits bei dieser Tagung der Widerspruch der ostdeutschen Frauen vehement deutlich geworden. Sichtbar wurde auch dort schon das Mißtrauen zwischen autonomen Frauen und dem „Staatsfeminismus“ (für das sich keineswegs als feministisch begreifende Merkel- und später Nolte-Ministerium übrigens eine nicht ganz zutreffende Bezeichnung ...) Insbesondere wurde die Befürchtung laut, die Bundesregierung werde sich aus der Fülle des von Frauen erarbeiteten Materials nur einige – ihr genehme – Rosinen herauspicken und den Rest in der Versenkung verschwinden lassen. Hier deutete sich bereits der Konflikt an, der dann ein Jahr später Deutschlands Frauenbewegung hart traf: der bereits geschilderte Konflikt um den nationalen Bericht für Peking.

Er beeinflußte auch die Tagung im Oktober 1994: Ca. 120 Frauen aus dem NRO-Spektrum trafen sich zu „Frauen für eine neue Weltinnenpolitik, Teil III“. Schwerpunktthema der Zusammenkunft diesmal: Globalisierung der Entwicklungsprobleme – Internationalisierung der Frauenpolitik. Unter dem Eindruck des Eklats um den Regierungsbericht, aber auch einer internationalen Kontroverse um das Auftreten von Frauenorganisationen bei der Weltbevölkerungskonferenz, die gerade zu Ende gegangen war, wurde „Lobbying“ bei der Tagung zu einem beherrschenden Thema. Die Vertreterinnen westlicher Frauenbewegungen legten den Akzent auf den Konflikt – oder auch den notwendigen Spagat

– zwischen Lobbyismus und radikal anderen Wirtschafts- und Politikvorstellungen. Corinne Kumar-D'Souza vom Asian Women's Human Rights Council hingegen entwarf als zukunftsweisendes Modell globaler Schwesterlichkeit jenseits allen Lobbyings ein Denken in Verbindungen und Visionen. In Visionen, die aus den alten Zivilisationen stammen und sich auf die Erfahrung derjenigen gründen, die aus dem gewalttätigen herrschenden Entwicklungsmodell ausgeschlossen sind – der indigenen Völker, der Marginalisierten, der Frauen des Südens.

Ein als Abschluß der Tagung geplantes Podiumsgespräch zum Thema „Global Sisterhood" konnte allerdings nicht stattfinden, weil der in der Frauenbewegung seit langem ungelöste Konflikt zwischen Migrantinnen und weißen deutschen Frauen offen ausbrach. Der Unmut machte sich zunächst an der von einer Referentin benutzten Formulierung „Ich sehe schwarz" fest, die von schwarzen Frauen und Migrantinnen als diskriminierend gewertet wurde. Anschließend benannten sie weitere Formen der Ausgrenzung. So sei in der AG ‚Frauen und Entwicklung' der Redebeitrag einer Eritreerin abgeblockt worden, so sei die AG ‚Rassismus/Migration' fälschlicherweise als „Migrantinnen-Gruppe" bezeichnet worden anstatt mit ihrem korrekten Namen. So sei der Bericht über die Arbeit dieser Gruppe wieder einmal ganz ans Ende verschoben worden, wo dann aus Gründen des Programmablaufs wie immer keine Zeit für eine ausführliche Diskussion über die speziellen „Themen" der Migrantinnen war. „Es gibt Themen, die uns immer begleiten, durch alle Programme", stellte Rose Baaba Folson von der Decolores-Migrationsgruppe Bremen dazu fest. Während der Tagung konnte kein produktiver Umgang mit dem Konflikt gefunden werden.

Die vierte Tagung im Juni 1995 schließlich stand ganz im Zeichen der praktischen Vorbereitung. Gekommen war ein breites Spektrum von „Pekingfahrerinnen". Die NRO-Frauen versuchten mit Schaubildern und Pfeildiagrammen, liebevoll auf Folien für den Overhead-Projektor gezeichnet, Klarheit in den komplizierten und komplexen UN-Vorbereitungsprozeß zu bringen und die Tagungsteilnehmerinnen für Beijing zu trainieren. Außerdem wurde ein Memorandum des NRO-Frauenforums zur Weltfrauenkonferenz mit den anwesenden Gruppen diskutiert und etwas später in einer großen deutschen Tageszeitung veröffentlicht. Der Konflikt mit den Migrantinnen brach allerdings auch bei dieser Tagung wieder auf, weil diese ihre Änderungsvorschläge für das Memorandum nur ungenügend berücksichtigt sahen.

Dieselben Risse und Brüche, die im nationalen Rahmen aufgetreten waren – zwischen Frauenorganisationen und Frauenministerium, Ost- und West-Frauen, Migrantinnen und weißen Deutschen – traten schließlich auch auf der nächst-„höheren" Ebene, der ECE-Regionalkonferenz für die Weltfrauenkonferenz im Oktober 1994 in Wien zutage. Dort wurde für die ECE-Region – das meint in der geographischen Unterteilung der Vereinten Nationen West- und Osteuropa, die USA, Israel und Kanada – der regionale Aktionsplan verabschiedet. Deutschland erwies sich auf dieser Konferenz als Entwicklungsland, verglichen mit den in der internationalen Arena mittlerweile gültigen Standards. Die deutsche Delegation erklärte sich erst am Abend des dritten Tages, als die Verhandlungen um den Aktionsplan bereits so gut wie gelaufen waren, zu einem Gespräch mit deutschen NGOs bereit. Andere, wie beispielsweise die USA, hatten die Zusammenarbeit mit NGOs längst professionalisiert: Sie veranstalteten tägliche Treffen, um sich die Vorschläge der Nichtregierungsvertreterinnen anzuhören. Aber auch das Zusammenspiel der deutschen NGOs untereinander wollte nicht gelingen. Nur mit großen Mühen kam am Ende jeden Tages ein kurzes Meeting zustande – vornehm „deutscher Caucus" genannt, denn der Begriff „Caucus" hat sich auf internationaler Ebene für aktionsbezogene Versammlungen eingebürgert –, bei dem autonome Frauen und Frauen aus dem Umkreis des Deutschen Frauenrates sich eher mißtrauisch beäugten. Und eine Zusammenarbeit mit „Ost"-Frauen und Migrantinnen entstand gar nicht – diese hatten jeweils ihre eigenen Zusammenkünfte und Kommunikationsstrukturen, in die weiße Deutsche aus dem Westteil der Republik nicht einbezogen waren. Die Hoffnung, die die Frauen unterschiedlicher Spektren in die Weltfrauenkonferenz setzten, sah sich also vor vielen nationalen Abgründen.

Women of Color bei der ECE-Regionalkonferenz: Ein Regenbogen unterschiedlicher Interessen

Wie demokratisch ist der Feminismus? Und welche Farbe hat die Demokratie? Bei der ECE-Regionalkonferenz in Wien war sie hellkaramel und himmelblau und hatte die Form schmaler Papierstreifen. Diese bunten Streifen wurden von UN-Vertreterinnen bei der täglichen Frauenvollversammlung ausgegeben und garantierten den NGOs Einlaß zum „Drafting Committee", dem Redaktionskomitee. Dort berieten die Regierungen hinter verschlossenen Türen den ECE-Aktionsplan für Peking. Nichts weiter als dabeisein wollten sie, die NGOs, in der Nähe „ihrer" RegierungsvertreterInnen sitzen und mit ihnen ins Gespräch über wichtige Passagen des Dokuments kommen. Ein Recht, um das bei den Vorkonferenzen in anderen Teilen der Welt nicht gestritten zu werden brauchte. In Europa jedoch waren zwei Tage vehementer Debatten nötig, bis das UN-System sich auf den Kompromiß mit den Papierstreifen einließ.

Politische Partizipation mit Eintrittsticket? War das die Perspektive für das nächste Jahrtausend, um die es in Peking doch gehen sollte? Besser wohl immerhin als keine Teilhabe. Bei den Frauen jedenfalls kam – als erst die knallblauen, dann die karamelbraunen Karten im Women's Caucus ausgeteilt wurden – kurzzeitig Panik auf. Würde ein Ticket in falscher Kolorierung ihnen nicht den soeben geöffneten schmalen Pfad ins Reich der Zukunft versperren und sie unbarmherzig im alten Jahrtausend weiblicher Unterdrückung und Rechtlosigkeit zurücklassen? „Keine Sorge – die Farbe ist bedeutungslos. Ihr kommt mit den Karten auf jeden Fall rein, seien sie nun rot, gelb oder lila", beruhigte US-Botschafterin Swanee Hunt die Versammlung. Trotzdem spielte die Farbe nachher eine Rolle – zwar nicht die der papierenen Tickets, wohl aber die der Plastikausweise, die alle an ihren Blusen oder Jacketts zu tragen hatten. Wen das Grüngrau auf seiner ID-Card als „Presse" auswies, durfte die Tür zum „Drafting Committee" nicht passieren. Auch nicht mit Eintrittskarte. Aber das fiel in der Freude über den endlich erreichten freien Zugang für die NGOs nicht so sehr auf.

„Eine Demokratie ohne die Frauen ist nur eine halbe Demokratie“, formulierte Peter Leuprecht, Generalsekretär des Europarates, in seiner Rede bei der Konferenz. „Demokratie ohne die Frauen ist gar keine Demokratie“, konterte der Deutsche Frauenrat. Die Forderung nach „free access“ für alle meinte denn auch: Wir Frauen wollen den Herren der Welt bei ihren Regierungsgeschäften auf die Finger sehen. Auch wenn aus gegebenem Anlaß die Regierungsdelegationen mehrheitlich aus Frauen bestanden. In Wien wurde aber nicht nur das Prinzip der Selektion nach Geschlechtszugehörigkeit durchbrochen. Außer Kraft gesetzt wurde für eine kurze Weile auch die Selektion, die mit Herkunftsland und Hautfarbe verbunden ist. Wenigstens ansatzweise. Auf den hinteren Bänken des Saales, in dem das „Drafting Committee“ tagte, drängten sich NGO-Vertreterinnen in Kostüm oder Jeans ebenso wie in Sari oder afrikanischer Nationaltracht. Ihre Anwesenheit verlieh der gedämpften Atmosphäre, dem Beigebraun, Grau und Dunkelblau der Regierungsversammlung eine neue farbenprächtige Würde.

Demokratie hat viele Farben, meinten die Women of Color, die in Wien zahlreich vertreten waren. Sie leben in Kanada, Norwegen oder Rußland, in New York City oder Paris, farbige Frauen aus der gesamten ECE-Region, die nach Wien gekommen waren, um gleichberechtigt an den Diskussionen teilzuhaben. Demokratie ist ein Regenbogen – dieses Bild gebrauchten sie in einem Artikel für die täglich erscheinende unabhängige Konferenzzeitung. Ein Regenbogen, der die Interessen aller Frauen widerspiegelt. Deswegen sollen – hieß es in dem Artikel – die Plattformen der Regierungs- wie auch der Nichtregierungsdelegationen aus der ECE-Region Ausdruck all der unterschiedlichen Bevölkerungen und Belange sein. Der Ausschluß der Women of Colour müsse nicht nur wahrgenommen, sondern behoben werden … Denn: „Women of Color sind Teil von Europa und Nordamerika.“ „Wir, Frauen aus unterdrückten und ausgebeuteten ethnischen, ‚rassischen‘ und indigenen Gruppen, sind Bürgerinnen, Immigrantinnen, Reisende, Zigeunerinnen, Migrantinnen, Flüchtlingsfrauen und Vertriebene in den Ländern und Nationen von Europa und Nordamerika." So der Anfangssatz einer Presseerklärung. Der Zusammenschluß von Gruppierungen mit Namen wie ADEFRA, Akina Mama Wa Afrika, Gypsy Mothers Association oder National Organisation of Surinamese Women in the Netherlands war und ist Reaktion auf die Ausgrenzung, die sie durch ihre „weiße" Umgebung täglich erfahren. Er ist auch Ausdruck eines erstarkenden Selbstbewußtseins. Beides äußerte sich in einer Pressekonferenz, an der weiße Medienvertreter kaum teilnahmen. Fast im eigenen Kreis, sprachen die Frauen auf dem Podium über unterschiedliche Aspekte der Unterdrückung, der sie in der ECE-Region ausgesetzt sind.

„Ich kam nach schrecklichen Folterungen als Flüchtling nach Holland", berichtete eine Südafrikanerin. „Mir war vorher immer gesagt worden, dort sei das Paradies. Okay, ich habe einige Unterstützung für mich und meine Kinder erhalten. Aber ich habe auch die starke Diskriminierung gegen Fremde in Europa erlebt. Kinder aus Flüchtlingsfamilien dürfen beispielsweise keine Ausbildung machen. Jetzt werden wir wieder nach Südafrika zurückgehen, damit meine Kinder endlich ein Heim haben. Und das Schlimmste ist, daß ich aus Europa, von dem ich glaubte, es sei das Paradies, nichts mitnehmen werde. Ich gehe zurück mit nichts. Ich habe dort nichts lernen dürfen, womit ich zum Aufbau meines Landes beitragen könnte, wenn ich heimkehre. All die Jahre dort in Holland – sie waren nichts ... Deswegen sage ich Euch, meine Schwestern: hört nicht auf, für die Rechte der Flüchtlinge zu kämpfen ..."

Der Regenbogen, den die Women of Color zeichneten, enthält so auch viele düstere Farben. Der Regenbogen, das Symbol der Vielfalt von Frauen, ist hauptsächlich jedoch Symbol der Hoffnung, ein Lichtgebilde am Horizont, das gleichwohl im Hier und Jetzt schon existierte in Gestalt all der Frauenorganisationen, die in Wien zusammengekommen waren. Der Treffpunkt mit angeschlossenem Self-Service-Restaurant im Austria Center erweckte Assoziationen einer Welt ohne geschlechtsspezifische Unterdrükkung und ohne Klassen- und Rassenschranken. Hier diskutierten Repräsentantinnen der Vereinten Nationen beim Morgenkaffee darüber, ob die Zukunft des UN-Systems in den NGOs liege, hier unterhielt sich Königin Fabiola mit Konferenzteilnehmerinnen, ohne größeres Aufsehen zu erregen, hier tagten die verschiedenen „Caucusse", die der deutschen NGOs genauso wie der der Exiltibeterinnen. Der Caucus der Women of Color hatte selbstbewußt einen Tisch in der Mitte in Beschlag genommen, unübersehbar im ständigen Kommen und Gehen. Beobachtete man allerdings genauer, bemerkte man neben dem Verbindenden auch Trennlinien. Inmitten des Trubels weißer Nichtregierungsorganisationen waren die Women of Color unter sich.

Dennoch äußerte sich Andrée Nicola McLaughlin, Koordinatorin des Cross-Cultural Black Women's Studies Institute, eines transkontinentalen Frauennetzwerks, das in Wien mit Repräsentantinnen aus acht Ländern vertreten war, im Gespräch zufrieden über die Zusammenarbeit. Bei dem der Konferenz vorausgehenden NGO-Forum habe es mit Frauen aus den USA, Kanada und aus europäischen Staaten eine Kooperation auf verschiedenen Ebenen gegeben, insbesondere beim Thema Menschenrechte. In der Untergruppe zu Rassismus und Menschenrechten, die diese Organisation veranstaltet hatte, seien Empfehlungen für eine Überarbeitung der Sprache des ECE-Abschlußdokuments erstellt worden, aufbauend auf den Empfehlungen, die schwarze Frauen bei der Regionalkonferenz für Lateinamerika und die Karibik eingebracht hatten. Eine intensive Zusammenarbeit habe es aber auch beispielsweise mit dem „Netzwerk für eine plutoniumfreie Zukunft" in der Frage der Abschaffung aller Atomtests gegeben. Denn auch arme schwarze Gemeinden in den USA seien von der Lagerung toxischer Abfälle und von nuklearen Tests betroffen.

Demokratie – das lernte ich aus dem Gespräch mit der schwarzen Feministin – ist eine Frage der in ihr repräsentierten Kulturen. Und Demokratie ist nur dann möglich, wenn alle Probleme, die dem Fortschritt von Frauen im Weg stehen – und das meint eben nicht nur Karrierehindernisse weißer Mittelschichtfrauen, sondern genauso Umweltrassismus gegen arme Schwarze – wirklich angesprochen und gelöst werden. Die „Demokratien" der westlichen Industriegesellschaften werden dieser Notwendigkeit nicht gerecht.

Andrée Nicola McLaughlin schilderte mir deswegen die Hoffnungen, die sie mit der globalen Aktionsplattform der Weltfrauenkonferenz verband:

„Nach der Rodney-King-Story, nach den Rebellionen in den Städten – und das war ja nicht nur Los Angeles, es breitete sich aus wie ein Buschfeuer, in verschiedenen Städten brachen Eruptionen los, jeder, der aus irgendeinem Grund wütend war, ging raus auf die Straße und zerstörte etwas – nach diesen Ereignissen waren die Menschen sehr traurig. Sie fragten sich, ob man sich nicht zusammensetzen und darüber reden könne, wie das Land gerettet werden könnte. Die Menschen waren damals voller Furcht. Es waren Menschen aller Gruppen, sie sagten, wir müssen aufhören, auf den Straßen gegeneinander zu kämpfen und einander zu töten, laßt uns irgend etwas ausarbeiten, um diese Dinge zu stoppen. Leider denkt bei uns in den Vereinigten Staaten die Bevölkerung über diese Dinge nur nach, wenn eine aktuelle Krise besteht. Manche sagen jedoch heute, wir sollten einen Kongreß all der verschiedenen Ethnien und Kulturen durchführen. Und aufbauend auf dem, was in diesen Kulturen positiv ist, die Verfassung neu schreiben und dem Land einen neuen Namen geben und versuchen, die Dinge besser zu machen.

Was wir hier in Wien tun, ist ein Weg – Menschen aus verschiedenen ethnischen Gruppen, Kulturen und Ländern kommen zusammen, lernen einander kennen, ihre politische Arbeit, ihre Leben ... Wenn das geschehen ist, werden wir auch in der Lage sein, die Dinge in größerem Maßstab zu verändern. Es ist uns gelungen, unsere Vorschläge – die Prioritäten der Women of Color, der unterdrückten ethnischen und indigenen Gruppen, der Migrantinnen und Flüchtlingsfrauen in Europa und Nordamerika – in das NGO-Dokument zu bringen; wir hoffen, daß sie auch im ECE-Schlußdokument enthalten sein werden. Es interessiert mich sehr, zu erfahren, was in den verschiedenen Dokumenten aus den unterschiedlichen Regionen der Welt drinsteht und wie diese regionalen Aktionsplattformen schließlich zu einem gemeinsamen Aktionsplan zusammengebracht werden. Um manche Fragen wird es sicherlich Konflikte geben, aber sehr vieles wird auch gemeinsam sein. Die Aktionsplattform der Weltfrauenkonferenz kann so wie eine neue Verfassung sein, die von uns allen gemeinsam geschaffen wird."

Diese Hoffnung bestätigte sich in Wien nicht: Das dort von den Regierungen verabschiedete regionale Dokument, das in die offizielle Aktionsplattform der Weltfrauenkonferenz einfließen sollte, war „eurozentristisch in Schwerpunktsetzung und Inhalt". So die Kritik des Cross-Cultural Black Women's Studies Institute am Konferenzende. Kein einziger Paragraph des ECE-Dokuments bezog sich direkt auf die unterdrückten „rassischen", ethnischen, nationalen und religiösen Gruppen in der ECE-Region und deren besondere Belange und Bedürfnisse. Sieben Achtel der Weltbevölkerung sind People of Color. Für Frauen in den westlichen Industrieländern jedoch ist die Farbe des Feminismus nach wie vor unhinterfragt weiß. Das ändert sich – als Gegenbewegung zur Tendenz der Abschottung, zur Politik der Grenzschließung – nur mühsam und zuallerletzt in Regierungsdokumenten.

Updated – Vorbereitung via Internet

FORGET WHAT WE SAID YESTERDAY ABOUT THE HOTEL FORM ... – Vergeßt, was wir Euch gestern über das Hotel-Formblatt erzählt haben ... Mit dieser Aufforderung in Großbuchstaben begann Gobal Faxnet Nummer 19 vom 27. Juni. Was hatte Global Faxnet Nummer 18 vom Vortag seinen Empfängerinnen verkündet? SORRY... YOU HAVE TO SEND YOUR NEW HOTEL RESERVATION FORM AGAIN – Tut uns wirklich leid, aber Ihr müßt Eure neuen Hotel-Reservierungsbögen nochmal schicken ... Und weiter: „Wer das offizielle neue Hotel-Reservierungs-Formblatt zur Hotelunterbringung in Peking und/oder Huairou während der Weltkonferenz und dem NGO-

Forum, das via Global Faxnet am 15. Juni zugefaxt wurde, zurückgesandt hat, möchte diese Nachricht bitte sorgfältig lesen." Denn das China Organizing Committee (COC) akzeptiere dieses Formblatt nicht, wie sich zwischenzeitlich herausgestellt habe. Einen Tag später aber sah alles schon wieder anders aus: Nun nämlich hatte das COC – nach Verhandlungen mit Sylvia Ordoñez, der Logistikoffizierin des NGO-Forums – beschlossen, das Global-Faxnet-Formblatt doch zuzulassen. Alle aber, die sich die Arbeit doppelt gemacht hatten, wurden gebeten, sich nicht zu sehr zu beunruhigen: Zwar habe das COC ihr Unterbringungsersuchen nun gleich in Mehrfachausführung vorliegen. Doch da das chinesische Organisationskomittee inzwischen vom NGO-Forum-Office in New York die komplette TeilnehmerInnenliste erhalten habe, und zwar in der Software, die es selber benutzt, sollte die Sache eigentlich klargehen.

Dieses Verwirrspiel ist nur ein winziger Ausschnitt aus der weltweiten Kollektivanstrengung, ein NGO-Forum mit 40.000 Anmeldungen, das die chinesische Führung weniger als ein halbes Jahr vor Konferenzbeginn plötzlich nach Huairou umquartierte, doch noch praktische Wirklichkeit werden zu lassen. Zumal angesichts der großen und kleinen Steine, die die chinesischen Behörden immer wieder in den Weg legten, erforderte dies beispiellose organisatorische Leistungen. Und umfassende und kontinuierliche Informationsübermittlung in alle Teile der Welt ... Ein wichtiger Akteur in diesem Geschehen war das International Women's Tribune Centre mit Sitz in New York. Bei der ersten Weltfrauenkonferenz in Mexico-City 1975 ins Leben gerufen, hat es alle Weltfrauenkonferenzen seitdem aktiv begleitet – eine altehrwürdige, sozusagen „historische" internationale Frauenorganisation also. Und unter anderem Betreiberin des Global Faxnet. Ihre globale Fax-Nachricht Nummer 19 vom 27. Juni, die mit dem „Vergeßt, was wir Euch gestern sagten ..." begann, vermeldete über die neuesten Nachrichten von der Hotel-Reservierungs-Front hinaus auch die erfolgreiche Inbetriebnahme eines neuen Services: des electronic-mail-Netzes Global Net, das weltweit über 60 Gruppen und Individuen miteinander verband. Damit konnten die Meldungen des Global Faxnet, das 500 NGOs und Multiplikatoren in über 80 Ländern aller Weltregionen umfaßte, nun auch via E-mail und durch elektronische Konferenzen verbreitet werden.

Das Datenübermittlungssystem glich tatsächlich einem erdumspannenden Spinnennetz: Da agierte Women's Wire neben WomensNet, Beijing95 neben Beijing-conf. Da ließen sich Dokumente der Vereinten Nationen über http://undcp.or.at/unlinks.html abfragen, die Artikel der Zeitschrift Earth Times dagegen über APC network gopher. Und selbstverständlich war auch das ganze dicke Informationspaket des Beijing'95-NGO-Forums auf elektronischem Wege erhältlich. Auf derartigen Kommunikationspfaden wurden Frauen an entgegengesetzten Enden der Welt in die Lage versetzt, ihren Frust über die chinesische Regierung und den schlechten Aktionsplattform-Entwurf miteinander zu teilen. Oder auch sich gemeinsam mit NGOs in der Dominikanischen Republik darüber zu freuen, daß Frauen Siege davongetragen hätten in ihren Bemühungen, „wichtige Spieler in der globalen Politik" zu werden.

Frauen als Global Players im internationalen Politikgeschäft – E-mail macht's möglich? Zwar nähern sich die weitgefächerten und zugleich engmaschigen Verbindungswege, die die Frauenorganisationen sich im Vorfeld der Peking-Konferenz schufen, rasant den technischen Höhen des Daten-Autobahn-Zeitalters an. Ihre Wirkung jedoch war über den Effekt der Selbstorganisation hinaus bis auf weiteres eher gering. So sendete das International Women's Tribune Centre sofort nach Bekanntwerden der Forumsverlegung nach Huairou einen dringenden Appell um die Welt, mittels dessen Staaten aufgefordert wurden, sich für einen geeigneteren Veranstaltungsort einzusetzen. Dieser Appell ging zwecks Verbreitung an 27 Frauen-Medien-Netzwerke, die Antwort darauf aus allen Erdteilen führte zur Schaffung eines erweiterten Kommunikationsnetzes, eben des Global Faxnets. Doch daß es bei Huairou als Tagungsort blieb, konnte nicht verhindert werden. Das lag nicht nur daran, daß viele Frauen im Süden einem Boykott zögerlich bis ablehnend gegenüberstanden. Weder die interkontinentalen Elektroniknetze noch die traditionelleren, d.h. ordentlich auf Papier gedruckten Erzeugnisse der Frauen-NGO-Bewegung (die per Post um die Welt verschickten Newsletter der großen Frauenorganisationen beispielsweise) konnten die öffentliche Meinung im selben Maße beeinflussen wie die Massenmedien.

Wer hierzulande bekam den regen Informationsfluß von Computer zu Computer überhaupt mit? Einige in der Weltfrauenkonferenz-Vorbereitung engagierte Frauen. Aber selbst für sie war's schwierig, wenn sie nicht gerade das Glück hatten, an einer Universität mit E-mail-Anschluß zu arbeiten, technisch versiert zu sein oder wenigstens einige Computerfreaks zu kennen. Die, für die das nicht zutraf, waren aus der elektronischen Kommunikation ausgeklinkt, das Wunderland der weltweiten Frauenvernetzung blieb ihnen verschlossen. In Deutschland ist es vor allem APC, die Association for Progressive Communication, die den Zugang zu international kursierenden Informationen liefert – jedoch nur zu einer kleinen Auswahl davon. In Afrika soll der elektronische Austausch der Frauen vor Beijing weitaus reger gewesen sein als in Deutschland.

Und: So spannend es auch war, Auskünfte über das Free Cargo Minimum auf der Strecke vom internationalen Flughafen Pekings nach Peking-City zu erhalten oder mitzuverfolgen, wie rund um Huairou mehr und mehr Klassenräume, Hallen und sonstige Örtlichkeiten für das Forum ‚verfügbar' gemacht wurden – so richtig interessieren tat das doch nur die, die zur Weltfrauenkonferenz reisen wollten. Auch die Pressemeldungen, die InterPress Service, ein Dritte-Welt-Nachrichtendienst, über WomensNet verbreitete, fanden kaum ihren Weg ins hiesige Bewußtsein, geschweige denn in die Massenmedien.

Das sah in anderen Kontinenten nicht so viel anders aus. So stellte Patricia Made vom Southern African Economist im Sommer vor Beijing fest, daß Frauen nur dann auf die Titelseiten der regionalen oder kontinentalen Zeitungen gelangen, wenn sie getötet oder vergewaltigt werden oder aber irgendein bizarres Verbrechen begehen. Die Tatsache, daß die vierte Weltfrauenkonferenz vor der Tür stand, habe diese Darstellung von Frauen in den südafrikanischen Medien nicht verändert. Ihre Geschichten würden nach wie vor auf die hinteren Seiten der Zeitungen verbannt – „und die Medien beschreiben Frauen immer noch als passive Mitspielerinnen in der Entwicklung der Gesellschaft". Also doch nicht Global Players, sondern Passive Players? Ist die Macht durch Kommunikation nur Fiktion? – „We will keep you updated" – wir halten Euch auf dem laufenden, versprach Global Faxnet. Und: „Vielen Dank für Eure Geduld, wir freuen uns darauf, mit Euch in Kontakt zu bleiben." Welche mag – bei so viel Professionalität und zugleich liebevollem Zuspruch – da noch am Frauen-empowernden Sinn des Unterfangens zweifeln?

Deborah Petersen-Perlman, Mitglied des Internationalen Mädchenforums, schickte ihre Grüße aus Duluth, Minnesota, via Global Net, mit der freundlichen Anrede „Hallo Mädchen" und der Aufforderung, an einer „Girls Agenda" mitzuarbeiten. Am Ende ihres elektronischen Briefes, in dem sie fragte: „Du und Deine Freunde – was könnt Ihr tun, um die Dinge für Mädchen besser zu machen?", bedankte sie sich vorsorglich für alle Antworten. Und versprach, die besten Kommentare in der Zeitschrift „Neuer Mond – ein Magazin für Mädchen und ihre Träume" zu veröffentlichen. Ich bin mir sicher, daß sie eine Menge Rückmeldungen erhalten hat. Die ins globale Datenübertragungsnetz eingespeisten Träume – nicht nur der Mädchen, sondern all der Frauen – werden zweifellos irgendwohin führen. Und sei es zunächst zu permanenten Kommunikationsstrukturen und -prozessen. Auch dann hätte der ganze Aufwand eine über Beijing hinausgehende Bedeutung gehabt.

Jede von uns ist wertvoll, einzigartig, notwendig. Frauen in Huairou

Mit dem Flugzeug nach Peking – ein Reisebericht

Peking liegt 11.300 km und mehrere Zeitzonen entfernt. Wir fliegen in die Sonne hinein, die Nacht ist sehr kurz, schon wenige Stunden nach dem abendlichen Start der Maschine dringt durch die Kabinenfenster das Licht des neuen Tages. Das Gefühl für Zeit und Raum verliert sich. Was befindet sich unter mir? Moskau? Sibirien? Ich weiß nur, daß es Wolken sind, und irgendwo darunter Landmassen. Karges Land vielleicht oder auch fruchtbares, braun oder grün oder mit Eis und Schnee bedeckt, Flüsse vielleicht oder auch Dörfer und Städte. Manchmal erhasche ich einen Blick auf etwas, das wie eine gigantische Ausdehnung von Bergmassiven aussieht. Schon während ich schaue, kommt es mir vor wie ein Traum.

In dieser kurzen Nacht, in der ich nicht schlafen kann, wird alles unwirklich. Auch die Erlebnisse am Flughafen wenige Stunden zuvor. Bevor wir in Frankfurt mit zweistündiger Verspätung losflogen, mußten wir unser Gepäck, das bereits auf dem Rollfeld stand, noch einmal identifizieren – „routinemäßig", wie es hieß. Eine auffällige Konzentration von Bundesgrenzschutzbeamten ließ jedoch anderes vermuten. Eine von uns Pekingreisenden erfuhr, es sei eine Bombendrohung eingegangen. Nach all den Hürden und Beschwerlichkeiten im Vorfeld nun auch noch das ... Mein Visum und Flugticket hatte ich – wie andere auch – freitags erhalten. Am Dienstag darauf dann der Flug. Durch den langwierigen Kampf um Hotelreservierung und Visaerteilung sind die Nerven überstrapaziert. Die Bombendrohung wurde von denen, die davon hörten, mit Scherzen überspielt. Reges Geplauder, während wir auf das Rollfeld geführt wurden (Bei welcher Tagung haben wir uns schon mal getroffen? War das nun in Bad Kreuznach oder in Berlin?). Bald nach dem Start jedoch versandeten die Gespräche.

In der abgedunkelten Kabine in über 10.000 m Höhe ist jede mit sich allein – die Journalistinnen, die Mitglieder des deutschen Frauenrates, die übrigen NRO-Vertreterinnen, die fast alle bei demselben Reiseunternehmen gebucht haben. Die deutsche Frauenbewegung wird ärmer sein, sollte die Maschine der Air China tatsächlich explodieren und über Novosibirsk oder Ulan Baatar vom Himmel fallen. Aber auch diese Gefahr verliert ihren Wirklichkeitscharakter, in der Nacht, die so schnell zum Tag wird.

In dieser Atmosphäre des Irrealen gleiten wir von Europa nach Asien. Der Übergang ist fließend, es läßt sich kein Punkt ausmachen, wo Europa aufhörte oder Asien anfinge. Die ersten asiatischen Menschen hatten wir bereits in der Wartehalle des Frankfurter Flughafens gesehen. Sie sind dort immer anzutreffen, diesmal aber – auf die Begegnung mit Asien eingestimmt – nahm ich sie besonders wahr. Einige – chinesische? – Männer wurden vom Bundesgrenzschutz ebenso unauffällig wie intensiv befragt. Andere drückten sich inmitten des summenden Bienenschwarms der Weltfrauenkonferenzteilnehmerinnen in eine Ecke.

Während wir uns dem asiatischen Kontinent nähern, konfrontiert uns ein Kaleidoskop von Frauengestalten, das über den Bordbildschirm flimmert, mit dem Leben der Chinesinnen: Frauen in wattierten dicken Jacken in ländlichen Regionen, vor allem aber dynamisch wirkende Frauen am Bankschalter sowie erfolgreiche Unternehmerinnen. Und Modekollektionen – vorgeführt von Chinesinnen, die mit demselben hüftbetonten Gang über den Laufsteg fegen wie Mannequins in Paris oder New York. Nicht nur durch diesen Film bereitet Air China den Teilnehmerinnen der Weltfrauenkonferenz einen Empfang – in der Bordzeitschrift bringt die Fluggesellschaft auf den Erfolg der vierten Weltfrauenkonferenz der Vereinten Nationen 1995 in Peking einen Toast aus.

Dann Beijing. Nach unserer Zeitrechnung hätten wir in der Dunkelheit ankommen müssen. Auf dem Pekinger Airport ist es bereits greller Mittag und 37 Grad Celsius, wie uns beim Landeanflug mitgeteilt wird. Nun sind wir in China. Der Flughafen sieht für unsere Begriffe wie ein Provinzflughafen aus. Es herrscht allerdings hektischer Betrieb durch die ankommenden NGO-

Frauen aus aller Welt. Wir nehmen sie nur flüchtig wahr, unsere Aufmerksamkeit gilt unseren Koffern. Schließlich haben wir unser Gepäck und uns selbst im Bus des Reiseunternehmens verstaut. Der chinesische Reiseleiter, der Deutsch spricht, hält uns während der Fahrt eine kleine Ansprache: Die Autobahn, auf der wir fahren, sei für die Olympiade gebaut worden, erzählt er. Nun käme sie uns zugute. Wir bräuchten in China keine Angst zu haben, könnten mit allen Leuten reden, müßten aber von der Regierung gesetzte Regeln befolgen – beispielsweise dürften wir uns auf dem Platz des Himmlischen Friedens nur zehn Minuten lang aufhalten.

Angst haben wir tatsächlich keine, während wir in die Stadt hineinfahren. Eher macht sich eine leichte Verwirrung und Enttäuschung breit: da ist man nun so weit geflogen. Und nun sieht es um eine herum aus wie eine Mischung aus einer Metropole irgendwo in Europa oder den USA, und „Berlin Alexanderplatz", wie eine Frau feststellt. Breite Straßen, Hochhäuser, Mietskasernen, Baustellen. Die Menschen westlich gekleidet. Hat das Flugzeug uns vielleicht doch im falschen Teil der Welt abgesetzt? Erst als wir bei dem Gebäude inmitten Pekings, in dem die Akkreditierung für das NGO-Forum vorgenommen wird, aus dem Bus steigen und auf eine Gruppe von Afrikanerinnen stoßen, kommt das Gefühl auf: Nun sind wir wirklich da.

Vielfalt. Ein fiktiver Tag bei dem NGO-Forum

Stell dir vor, du sitzt im Bus und fährst nach Huairou. Es ist morgens kurz nach sieben, der Bus voll mit deutschen NRO-Frauen, manche unterhalten sich, andere schlafen. Du schaust aus dem Fenster, siehst das Stadtbild von Beijing, an das du dich nach einigen Tagen bereits gewöhnt hast, dann die lange gerade Autostraße, die hinausführt nach Huairou. Spruchbänder am Rande der Straße, teils in Chinesisch, teils in Englisch, stimmen dich auf dein Ziel ein: „Der Weltfrauenkonferenz 1995 einen vollen Erfolg!" – „Erhöht den Standard der Frauen und gewährleistet ihre Rechte und Interessen!" – „Gleichberechtigung, Entwicklung, Frieden und Freundschaft!" – „Seid der Frauenkonferenz würdige Gastgeber!" Am Ende der Wegstrecke biegt der Bus in das Städtchen Huairou ein.

Huairou ist ein moderner Vorort, dem du an diesem Morgen aber nicht deine Aufmerksamkeit widmest: Als der Bus hält, springst du rasch hinaus, durchschreitest ein Tor in Form eines Regenbogens und reihst dich zusammen mit den übrigen deutschen Teilnehmerinnen ein in den Fluß derer, die zum Forumsgelände strömen. „Ach guck' mal, da ist ja Vandana Shiva!", sagt eine Deutsche neben dir. Das interessiert dich für den Moment nicht so sehr, denn es ist bereits kurz vor neun und um diese Zeit fangen die Workshops und Veranstaltungen an.

Vielleicht regnet es an diesem Vormittag, und du hast es versäumt, dir einen der großen getupften Schirme zu kaufen, die auf dem Forum angeboten werden, und willst auch keine Zeit damit vertrödeln, im Kaufhaus nach Gummistiefeln und Regencapes zu suchen, die sowieso meist ausverkauft sind. Dein eigener Knirps jedoch, der in die Handtasche paßt, und die einzigen geschlossenen Schuhe, die du nach China mitgenommen hast, halten den Wassergüssen nicht stand. So kommst du möglicherweise mit durchweichter Kleidung an dem von dir ausgewählten Veranstaltungsort an, und deine Laune ist schlecht. Vielleicht hast du dir gar einen Workshop in einem Zelt ausgesucht, dann wird deine Laune möglicherweise noch schlechter: In dem zu den Seiten hin offenen Gebilde drängt sich bereits eine Traube von Frauen. Ihre Diskussion ist längst im Gange. Ein Kamerateam hält ein langstieliges Mikrofon mitten zwischen die – zumeist asiatischen – Workshopteilnehmerinnen. Du jedoch verstehst kein Wort, weil für dich nur noch ein Platz außerhalb des schützenden Daches bleibt, im knöcheltiefen Schlamm, in deinen Ohren das Prasseln des Regens und das angeregte Summen des Forumsgeschehens. So verläßt du die „Zelt-Area" wieder. Der Durchgang zum Forumsgelände ist gesperrt, denn eine Mauer brach durch den Regen zusammen. Junge Chinesinnen leiten dich auf einen anderen Weg um, sie sparen dabei nicht mit kessem Lächeln. Es macht ihnen sichtlich

Spaß, im strömenden Regen zu stehen und den Verkehr der zahllosen Frauen aus aller Welt zu regeln.

Vielleicht heitert dich ihr Charme etwas auf, und du kannst dich nun gelassener den Prozessionen von Frauen anschließen, die durch den Schlamm waten, oftmals ein Kamerateam im Schlepptau. Das filmt eifrig die Afrikanerinnen mit ihren bunten Gewändern und bunten Schirmen, die Asiatinnen in ihren praktischen wetterfesten Capes und ab und an auch schwarzverhüllte Muslima mit schwarzen Schirmen. Dein Weg führt über die „Sonnenschirm-Area", eine weitläufige gepflasterte Fläche, auf der bei schönem Wetter die Frauen ihr Mittagessen einnehmen. An ihrem Rand hat sich das Wasser zu einem reißenden Bach gesammelt, in den ein paar aus dem Untergrund gelöste Pflastersteine gelegt wurden. Nun hüpfen die Frauen von Stein zu Stein und preisen die Erfinderin der guten Idee, die Bodenplatten als behelfsmäßigen Übergang zweckzuentfremden. Das Chaos schafft sich mit großem Improvisationsvermögen seine Struktur, bei jeder Wetterlage.

Oder nehmen wir mal an, heute ist ein sonniger Tag. Du hattest Glück und warst so rechtzeitig da, daß du – zusammen mit einer kleinen Gruppe deutscher Frauen – ein Einlaßticket für den Plenarsaal ergattern konntest. In dem umfunktionierten riesigen Kino außerhalb des Forums-Geländes konntest du mit oder ohne Kopfhörer den verschiedenen Redebeiträgen lauschen und die rhetorischen Künste der Rednerinnen bewundern. Vielleicht hat es dich ein bißchen seltsam berührt, wie sie vorgestellt wurden – als Mütter, Liebende und Aktivistinnen; die Kinderzahl rangierte immer vor der Profession oder Organisationszugehörigkeit. Die gute Stimmung im Saal hat dich jedoch angesteckt, und du entschließt dich zu einem Rundgang über das Forum, um dir in aller Ruhe anzusehen, was es zu bieten hat.

Doch vorher unternimmst du noch einen kurzen Bummel durch das chinesische Kaufhaus an der Ecke. Kosmetika, Kleidung, Schmuck, Elektrogeräte – Waren aller Art, ein T-Shirt mit dem Etikett „100 Prozent Baumwolle" (in deutscher Sprache) befindet sich auch darunter. Aus der Musikabteilung ertönt der Schlager „Isla Bonita", anschließend Rap Music. Zartgliedrige chinesische

Verkäuferinnen mühen sich mit nicht-chinesisch-sprechenden Forumsteilnehmerinnen aus aller Welt ab. Puppen präsentieren westliche Sportkleidung für Männer, Frauen, Kinder. Sie sind groß, mehr als dünn, haben eine etwas ungesund wirkende weiße Hautfarbe, kurze, zurückgekämmte Haare, europäische Gesichtszüge und einen aggressiven Gesichtsausdruck – selbst die Kinder. Gegen die runden bunten Afrikanerinnen mit ihrer Lebhaftigkeit und ihrem Humor, die in Gruppen die Verkaufstische umringen, wirken sie wie Wesen von einem anderen Stern.

Zu einem Kauf kannst du dich nicht entschließen, machst dich statt dessen auf den Weg zum Forum, nicht ohne bei den Verkaufsständen anzuhalten, an denen Händlerinnen aus vielen Ländern Schmuck und Kunstgegenstände anbieten – eine würdige Kulisse für die Pracht der defilierenden Frauen. Unterwegs kaufst du dir in einem Straßencafé etwas zu trinken. Das dauert allerdings eine Weile, denn die chinesische Verkäuferin ist in ein intensives Gespräch mit zwei schwarzen Teenagern verwickelt: Sie erklärt ihnen in universeller Zeichensprache, angereichert mit ein paar Brocken Englisch, welche Speisen und Getränke wieviel kosten und was sie für das chinesische Geld, das sie in den Händen halten, bekommen können. Was soviel Zeit braucht wie das Feilschen um einen kostbaren orientalischen Teppich, endet schließlich mit dem Kauf einer Cola; beide Seiten jedoch – die Chinesin und die schwarzen Mädchen – sind mit der Transaktion vollkommen zufrieden. Bot sie doch Raum zur Befriedigung von Neugier, aber auch zum Austausch von Höflichkeiten und Sympathie.

Das Forumsgelände kann nur betreten, wer seinen von den Vereinten Nationen ausgestellten Ausweis mit Lichtbild umhängen hat; wer diese Bedingung erfüllt, kann jedoch einfach an den Chinesinnen, die die Eingänge kontrollieren, vorbeigehen. Und sieht den Global Pavilion vor sich, ein riesengroßes Zelt, das um diese Zeit bis auf den letzten Sitzplatz voll ist mit lachenden und redenden Frauen. Du schließt dich ihnen nicht an – was ohnehin nicht so leicht ist, da sie zumeist in Gruppen zusammensitzen, in Gruppen von Frauen, die meist von der gleichen Nationalität und im Umgang vertraut miteinander sind. Du läßt vielmehr das Stimmengewirr hinter dir liegen und besuchst den „Once and Future Pavillon“, eine der Attraktionen des Forums.

Bei dem Pavillon empfängt dich ein Spruchband: „Information ist Macht! Benutzt sie! Teilt sie!“ Und, natürlich, ein großes Transparent: „Feiert Frauen!“ Davor sitzt eine Gruppe weißer Amerikanerinnen beisammen, deren T-Shirts die Aufschrift tragen: „Solarkochen – gut für uns, gut für den Kontinent.“ Thema des Pavillons ist frauenfreundliche Technologie im weiteren Sinne: angepaßte Technologie, Kommunikationstechnologie, aber auch Frauenmedien – das feministische Radio FIRE hat hier seinen Stand, an dem Gespräche und Interviews durchgeführt werden. Und die großen Frauenorganisationen verkaufen Bücher, Broschüren, Postkarten und dienen zugleich als Anlaufstelle für „Suche – Finde – Frauen“: Sie nehmen Nachrichten von und für Forumsteilnehmerinnen entgegen. Und schließlich beherbergt das Gebäude eine Ausstellung, die tatsächlich den Bogen zwischen Vergangenheit und Zukunft spannt – wenn auch nicht beides miteinander verbindet, sondern vielmehr in zahlreichen Facetten nebeneinander stehen läßt.

Hier kannst du zum Beispiel in selbstgemachten Kräuterbüchern blättern. Du findest getrocknete Blumen und Kräuter, liebevoll hineingeklebt, darunter handschriftlich deren Namen sowie Kommentare in Spanisch. Einige der Pflanzen erkennst du wieder: Eukalyptus, wilde Rosen, Löwenzahn, Knoblauch ... Du erfährst, daß es in Ekuador Kamille gibt, aber auch dir unbekannte Kräuter mit wohlklingenden Bezeichnungen wie „Hierba-do-Santa Maria“. Direkt daneben: The World Women’s Online. Weibliche Künstlerinnen auf dem Internet. Dir wird schwindlig beim Zusehen: rasch wechselnde Bilder und Töne, auf ihre Art genauso fremdartig wie manche der Kräuter, die du vorher betrachtet hast. Eine Internet-Begeisterte versorgt eifrig alle interessierten und auch die weniger interessierten Frauen mit Einblicken in die Funktionsweise des Systems und verstärkt damit die Geräuschkulisse. Das Spektakel erzeugt eine Mischung aus Faszination und Beklemmung.

Von der heilt dich auch die riesige Wandmalerei nebenan nicht. Ihr Motiv: eine nackte Frau umgeben von qualmenden Fabrikgebäuden. „Eine von acht Frauen hat Brustkrebs ..." Vielleicht nicht der angenehmste Ort für den „Learning Circle", zu dem unter dem Gemälde Metallstühle im Kreis zusammengestellt sind. Die Stühle wirken unbequem. Dann doch lieber weiter zu großen Farbfotos, die die Wunder der Agro-Technology zeigen, das Empowerment von Frauen durch Technologie und Training. Hier kannst du lernen, wie gelierte Marmelade zubereitet wird, oder auch den Produktionsprozeß der ghanaischen „Rural Women Cassava Processing Enterprise" verfolgen: Afrikanerinnen umringen eine Geschlechtsgenossin, die strahlenden Gesichts Teig in einem Holzbottich knetet. Ob die durch angepaßte Technologien verbesserte Zubereitung traditioneller Nahrung wirklich so glücklich macht? Ungeachtet schriller Tonkaskaden der Women Online hinterläßt die Ausstellung insgesamt einen friedvollen Eindruck, fast so als könnte eine harmonische Integration von Vergangenheit und Zukunft tatsächlich erreicht werden, mit dem Resultat einer lebenswerten Gegenwart.

Weniger beschaulich, weitaus dynamischer prallen die Gegensätze im ersten Stock des Pressezentrums aufeinander. Dort befindet sich eine Verkaufsfläche; niemand kann hier hindurchgehen, ohne angesprochen zu werden. Dabei konkurriert das Anpreisen von Computersystemen, die die rechte Raumseite in Beschlag nehmen, mit den lockenden Zurufen afrikanischer Händlerinnen zur Linken, die handgemachten Schmuck verkaufen. Ein Stockwert weiter oben: Von Apple gestiftete Computer. Sie stehen zur Benutzung durch die NGOs bereit und verbinden das kleine Huairou mit dem Rest der Welt. Auch APC, die Vereinigung für progressive Kommunikation, ist hier vertreten. Sie ermöglicht es den Frauen, via Internet, zum Billigtarif Nachrichten in ihre Heimatländer zu senden.

Doch weiter zu den „Diversity Tents". Im Lesbenzelt diskutieren unter der Parole „Lesbian Rights are Human Rights" drei Frauen eifrig mit einem arabisch aussehenden Herrn. Im Zelt der Flüchtlinge und Vertriebenen macht eine Gruppe aus der Westsahara selbstvergessen Musik; das Zelt ist ansonsten recht leer. Nur eine große ältere Schwarze kommt auf dich zu und fordert dich mit so nachdrücklicher Freundlichkeit auf, eine Petition zu unterzeichnen, daß du unterschreibst, ohne sie dir durchzulesen. Nachher weißt du nicht mehr genau, worunter du deinen Namen gesetzt hast – du erinnerst dich bloß, daß es um Flüchtlinge ging.

Das Zelt der „Frauen mit Behinderungen" ist umgezogen hinter den Global Pavillon, wie ein Zettel verkündet. Im „Healing Tent" kannst du dich unter wunderschönen Wandbehängen hinlegen und schlafen, wenn du ganz erschöpft bist. Du siehst dir aber lieber das Zelt der älteren Frauen an. Dort gibt es eine Fotoausstellung zu bewundern, die das kulturelle Leben älterer Frauen zeigt: Frauen unterschiedlicher Nationalitäten führen in festlichen, paillettenbesetzten Kleidern Tänze auf und betätigen sich in Gymnastik oder Golfspiel. Es gibt junge und alte Schmetterlinge, wird einige Tage später beim Dialog zwischen den Generationen die jugendliche Moderatorin sagen. Tatsächlich lassen manche der älteren Frauen, die sich auf dem Forumsgelände bewegen, derlei poetische Vergleiche zu. Eine Beobachtung vom Vortag fällt dir ein: Die Frau trug große Plastikblumen in den langen weißen Locken, ein Kleid, das vom kräftigen Rot ins Rosa, dann ins Gelb changierte, um die Taille einen breiten Gürtel. Wie der Blütenkelch einer exotischen Pflanze.

Das Zelt der älteren Frauen jetzt im gleißenden Mittagslicht erreicht nicht ganz diesen Zauber. Du studierst die Aushänge. Besonders groß wird ein Workshop angekündigt: „Jüngere und ältere Frauen aus der ganzen Welt sprechen miteinander und unterstützen einander." Derweil tauschen in der Sitzecke Europäerinnen mit Chinesinnen Kochrezepte aus. Rezepte über die vielseitige Verwendbarkeit französischer Pflaumen, geschmückt mit einer kleinen fanzösischen Flagge, jedoch in englischer Sprache ... Dann kündigt Musik den Beginn eines Tai-Chi-Kurses an.

Auf dem Weg zurück kommt eine dir unbekannte Forumsteilnehmerin hilfesuchend auf dich zu, eine Lageskizze in der Hand: „Kannst Du mir sagen, wo wir uns gerade befinden?" Deine Erklärungsversuche gehen unter im Lärm einer Demonstration für

„Food Rights“ und gegen McDonalds auf dem Forums-Gelände. Eine international zusammengesetzte Frauenschar skandiert: „McDonalds ist keine NGO! Unterstützt die lokale Ökonomie! Eßt chinesisches Essen!“ Das allerdings ist leichter gesagt als getan. Am Stand der Beijing Choko Blibingyang Food Co. Ltd. futtern die chinesischen Verkäufer und Verkäuferinnen Hamburger. „Food is out! – Kein Essen mehr da!“ verkünden sie fröhlich. So erstehst du schließlich irgendwo ein Sandwich, das du im Global Pavillon verzehrst. Du nimmst Blickkontakt zu einer Gruppe von Südafrikanerinnen auf, die dir zulachen. Bevor du aber in ein Gespräch mit ihnen kommst, setzen sich einige deutsche Frauen zu dir und berichten von der Veranstaltung, die sie besucht haben.

Bei einem anschließenden kurzen Abstecher in das ECE-Zelt, das Zelt der Europäerinnen und Nordamerikanerinnen, fällt dir ein Flugblatt am Infobrett ins Auge: „GLOBAL AFRICA – wir sind eins. Die Zeit ist jetzt! Alle Afrikanerinnen und Frauen afrikanischen Ursprungs werden sich am Mittwoch, dem 6. September, beim Kaffee-Tee-Areal zu einer öffentlichen Darbietung unserer kollektiven Power versammeln! Erzählt allen davon! Feiert Eure Stärke! Wir MÜSSEN unsere kollektive Power spüren und den Einfluß unserer Präsenz auf die Welt demonstrieren! WIR MÜSSEN DIE WELT IN BEWEGUNG BRINGEN!“

Ähnliche Entschlossenheit bei einer Kundgebung von Koreanerinnen: „Wir weigern uns, Sexobjekte zu sein!“ Demonstrantinnen in langen rosa, grünen, himmelblauen, orangenen Kleidern mit aufgemalten Blumen treten ein für eine Anti-Belästigungs-Gesetzgebung. Ihr Schlachtruf: „Sexual harassment – no no no! Legislation – yeah yeah yeah!“ Die zarten Gestalten in den pastellfarbenen Kleidern stehen in eigentümlichem Kontrast zu den Trommeln, den geballten Fäusten, dem Gleichschritt, dem wütenden Tonfall.

Zurück zum Forumseingang. Dort überkreuzen sich zwei Demonstrationen: einmal eine Demonstration von Frauen aus der Karibik, dem Cono Sur und der Anden-Region gegen Strukturanpassung und Armut. Auf Plakaten fordern sie: „Hört damit auf, arme Gemeinden zu vergiften!“ „Beutet die Reichen aus, um die

Frauen im Global Tent

Armen zu ernähren!“ Zum andern die „Women in Black“, die mit Kerzen gegen die Gewalt an Frauen in Kriegen und bewaffneten Konflikten protestieren. Du siehst eine ganze Anzahl deutscher Frauen, darunter viele in schwarzer Kleidung, die sie extra für diesen Anlaß mitgebracht haben. In einer Reihe mit anderen Deutschen, vor dir Afrikanerinnen, Inderinnen, bewegst du dich hinaus auf die Straße, wo sich nach einigen Metern alle auf dem Pflaster niederlassen. Kerzenwachs tropft still auf den Asphalt. Das eindringliche Schweigen der Demonstrantinnen tönt lauter als Parolen. Ein Kameramann ist auf das Dach eines parkenden Kleinbusses gestiegen und filmt die Szene von oben.

Der Tag neigt sich dem Ende zu, der Bus, der die deutschen Teilnehmerinnen zurück zum Hotel bringen wird, wartet. An den abendlichen Kulturdarbietungen kannst du wegen der großen Entfernung zwischen Beijing und Huairou nicht teilnehmen. Du betrittst noch einmal kurz das Forumsgelände, suchst nach bekannten Gesichtern, um gemeinsam zum Bushalteplatz zu gehen. Dabei wirfst du auch einen letzten Blick auf den Global Pavillon und ein dort angebrachtes Transparent: HÖRT DIE STIMMEN DER GRASSROOTS. Gehört hast du sie, aber hast du sie auch verstanden?

„Seht die Welt durch die Augen der Frauen“ – die Themen des NGO-Forums

„Ich fühle mich so glücklich hier in China! Ich bin begeistert zu hören, daß so viele entschlossene Frauen in der Welt unsere Arbeit fortsetzen werden!“ Dieser Ausruf von Helvi Sipila, der über achtzigjährigen Generalsekretärin der ersten Weltfrauenkonferenz 1975 in Mexiko, war der Höhepunkt der letzten Plenarveranstaltung beim NGO-Forum in Huairou. Ihm folgte tosender Beifall. Thema der Veranstaltung: der Dialog zwischen den Generationen, verkörpert in jungen Feministinnen um die zwanzig und in weißhaarigen Frauenbewegungs-Veteraninnen. Von der vielbeschworenen Kluft zwischen den Generationen war an diesem Vormittag nichts zu spüren. Pauline E. Tangiora vom Maori Network of Indigeneous Women sprach von der „Tradition des Zuhörens“, die diese Kluft überwinde. Frauen unterschiedlichen Alters sollten „fühlen und hören“. Und das Publikum forderte sie auf: „Öffnet Euren Geist für die indigenen Völker der Welt.“

Sich einander öffnen und miteinander verbinden, um die Welt aus Frauensicht umzugestalten – das machte überhaupt das Forum ‘95 und seine Botschaft aus. Sein Logo stellte in stilisierter Form acht tanzende Frauen dar, jede „mit ihrer eigenen Energie und Dynamik“, jede „mit der anderen durch einen gemeinsamen Mittelpunkt verknüpft“, um „mehr Energie und Power hervorzubringen, als jede es einzeln vermag“, so die Forums-Veranstalterinnen.

Eine dem Logo nachempfundene Rosette aus Frauen in unterschiedlichsten Nationaltrachten zierte am Abschlußtag auch die Titelseite der unabhängigen Forumszeitung. Zitiert wurde darin u.a. Irene Santiago, Exekutivdirektorin des Forums: „Ich habe die Energie und Tatkraft der Frauen gespürt. Auch Wind, Regen und Schlamm konnten sie nicht stoppen. Die Workshops, Podiumsdiskussionen und Plena waren immer überfüllt. Und alle sagen, daß es wundervoll war – wegen der Verbindungen, die sie zueinander herstellen konnten." In derselben Ausgabe fielen allerdings auch kritische Sätze: „War das Forum zu groß?" fragte Herausgeberin Birgit Wiig im Editorial. „Wenn es noch mal ein anderes Forum geben soll, muß die maximale Größe eines Forums sorgfältig studiert werden."

In Huairou mußten zwischen den einzelnen Workshops und Veranstaltungen große Wegstrecken zurückgelegt werden. Eine gemeinsame politische Diskussion, an deren Ende ein klarer politischer Wille gestanden hätte, konnte unter diesen Bedingungen nicht zustande kommen. Daß es bei der Vernetzung der Vielfalt, ohne Formulierung eines gemeinsamen politischen Dokumentes, blieb – dazu trug auch die Abtrennung des Forums von der offiziellen Konferenz bei: Hatte in Kairo bei der Weltbevölkerungskonferenz 1994 das NGO-Treffen im Zeichen der Lobbyarbeit gestanden, so handelte es sich diesmal bei Forum und Konferenz um zeitlich wie räumlich fast gänzlich getrennte Veranstaltungen. Dadurch entfiel die Notwendigkeit, in den Verhandlungsverlauf des offiziellen Geschehens einzugreifen und ihm eigene Inhalte entgegenzusetzen, die sich auf bestimmte Themenstellungen konzentriert hätten. Die sonst bei UN-Konferenzen übliche Auseinandersetzung zwischen Nichtregierungsorganisationen und Regierungen reduzierte sich also diesmal auf die Arbeit der Lobbyistinnen bei der offiziellen Konferenz in Peking.

Trotz seiner thematischen Breite war das Forum nicht gänzlich richtungslos. Die Richtung gab vielmehr – wenigstens grob – ein Satz vor, der im 200 Seiten dicken Veranstaltungskatalog als Motto unter dem Logo der acht Tänzerinnen prangte: „Frauen und Männer zusammenbringen, um durch das Empowerment und das

Feiern von Frauen globale Strukturen und Prozesse auf allen Ebenen herauszufordern, zu schaffen und zu transformieren."

Vier Tage lang wurde bei Plenarveranstaltungen in einer ca. 1.500 Frauen fassenden Halle ein Überblick über die globalen Kräfte präsentiert, die „die Qualität des Lebens der menschlichen Gemeinschaft berühren und die jedem – und insbesondere jeder Frau – Herausforderungen auferlegen", wie es im Programm hieß. Darunter verstanden die Organisatorinnen:

- Zugänge zu Governance (Regierungsfähigkeit), einschließlich Bürgerrechte und politische Partizipation;
- Hindernisse für Frieden und menschliche Sicherheit, einschließlich der Effekte von Militarisierung, Gewalt und Armut;
- Herausforderungen durch die Globalisierung der Ökonomie, einschließlich der Auswirkungen der technologischen Revolution auf Arbeitsverhältnisse;
- Zunahme des Konservatismus in seinen unterschiedlichen Formen – religiösen, nationalistischen, rassistisch/ethnischen und homophobischen;
- Medien, Kultur und Kommunikation: Herausforderungen und Möglichkeiten.

Neben – teilweise auch übereinstimmend mit – dieser Themensetzung wurden im Verlauf des Forums vier Schwerpunkte der Teilnehmerinnen deutlich: Globalisierung, Menschenrechte, Vielfalt und Vernetzung.

- **Schwerpunkt „Globalisierung".** Die positiven und negativen Auswirkungen der Globalisierung gehörten zu den Themen, die die Großveranstaltungen bestimmten und auch bei den Workshops aufgegriffen wurden. Rednerinnen wiesen dabei immer wieder auf die Widersprüchlichkeit der Globalisierung und deren positive Aspekte, die sie auch beinhalte, hin: Auf der „Haben-Seite" der Globalisierungs-Prozesse stehen die Chancen globaler Kommunikation, steht das Entstehen einer internationalen Gemeinschaft und weltweiten Bewegung in einer voneinander abhängigen Welt, in der weder Individuen noch Nationen isoliert werden überleben können. „Wir hier sind der Nukleus der globalen

Zivilgesellschaft der Zukunft!" verkündete beispielsweise die Ingenieurin und Unesco-Vertreterin Winnie Karagwa Byanyima aus Uganda. Im Projekt der feministischen Transformation aller Strukturen müßten die Frauen der Welt zunächst einmal ein Gegengewicht schaffen, um die Welt soweit ins Gleichgewicht zu bringen, daß die Suche nach globalen Lösungen möglich wird. Die Inderin Gita Sen von DAWN beendete ihren Vortrag über Perspektiven in der sich globalisierenden Welt mit einer etwas schlichteren und vorerst vielleicht realitätsnäheren Aussage: „Wir sind hier, wir beobachten und wir werden nicht weichen!" sagte sie unter großem Applaus.

- **Schwerpunkt „Menschenrechte von Frauen"**. Mehrere Tribunale, bei denen Frauen aller Länder bewegende Zeugnisse über ihre Gewalterfahrungen ablegten, prangerten die Universalität der Menschenrechtsverletzungen an Frauen an – wie auch schon vor und während der UN-Menschenrechtskonferenz 1993. Gewalt gegen Frauen ist ein gemeinsames Merkmal patriarchaler Gesellschaften. Die internationale Bewegung gegen Gewalt an Frauen und für die Anerkennung von Frauenrechten entspringt der tagtäglichen Erfahrung von Frauen überall auf dem Globus, daß ihre Menschenrechte verletzt, ja nicht einmal als solche angesehen werden. Die Globalität der Gewalt schafft starke Verbindungen zwischen Frauen und die Notwendigkeit eines gemeinsamen Kampfes. „Gewalt: Du entstellst mein Gesicht. Du krümmst meine Hände. Du gibst mir schwarze Augen und einen Schädelbruch. Du verwüstest meine Gesundheit. Du kontaminierst mein Verhalten. Du vergiftest meine Beziehungen. Du treibst meine Liebe fort. Du zerstörst meine Umwelt. Gewalt: Du bist gewaltsam. Du bist unterdrückerisch. Du bist lieblos. Du bist unehrbar. Du bist Gewalt", heißt es im Gedicht einer Frau aus der Pazifikrepublik Vanuatu, das bei dem Forum verteilt wurde. Und in einem anderen Gedicht, ebenfalls von einer Frau aus der Pazifik-Region verfaßt: „Mir gehört die Sehnsucht nach dem Moment, in dem ich keine Pein erleide. Mir gehört das Verlangen nach den Stunden, in denen ich nicht verletzt werde. Mir gehört die Hoffnung nach den Tagen, an denen ich nicht weinen werde. Mir gehört der Kampf für die Zeit meiner Befreiung." Die Gewalt ist global, und sie hat viele Gesichter. Gewalt hat das Gesicht des Ehemanns, des Vaters, des Arbeitgebers, der Armut, der Kriege, der Umweltzerstörung. Ein solch umfassender Begriff von Gewalt und von den Menschenrechtsverletzungen an Frauen, wie er sich bei dem Forum und in den weltweiten Frauenrechtskampagnen der letzten Jahre äußerte, geht über den westlichen Gewalt- und Menschenrechtsbegriff weit hinaus. „Women's human rights" ist ein Konzept, das sich aus Erfahrungen von Frauen unterschiedlicher Kulturen und Kontinente zusammensetzt. Und es ist ein kämpferisches Konzept: Beispielsweise wurden Frauen in Huairou nicht nur als Opfer von Kriegen gesehen, sondern es wurden zugleich Frauenrechte in Konfliktsituationen diskutiert – und die Schaffung einer Welt ohne Konflikt und Krieg.

- **Schwerpunkt „diversity".** Das eigentliche Thema der Zusammenkunft lag für viele Teilnehmerinnen jedoch jenseits der – von den Forumsveranstalterinnen vorgegebenen – Konzentration auf übergreifende Fragestellungen. Dieses Thema lautete: Vielfalt. Die Fülle von Anliegen und politischen Forderungen, die in Form von Workshops, Spruchbändern, Kundgebungen vorgebracht wurden, war enorm. Ein Blick ins mehrere tausend Veranstaltungen umfassende Programm macht die Bandbreite deutlich: Frauen und traditionelle Medizin; spirituelle Dimensionen von Frauen; soziale Kommunikation durch Seifenopern; Frauen und nachhaltige Entwicklung; jüdisch-asiatische Einheit; alternative Konzepte für das emotionale Wohlbefinden von Frauen; weibliche Migration und Rassismus; Palästinenserinnen in bewaffneten Konflikten; Frauen und Aids in Marokko; die Rolle junger Afroamerikanerinnen in einer globalen Gemeinschaft; Partnerschaft zwischen afrikanischen NGOs und im Exil lebenden Afrikanerinnen; sexuelle Belästigung in Japan; Kommunikation und Journalismus in Madagaskar – die Liste der Themen ließe sich unendlich verlängern. „Frauen: Das historische Subjekt des nächsten Jahrhunderts?" fragte eine Veranstaltungsankündigung. Die Vielzahl der Stimmen,

Frauen aus Japan und China machen auf ihren Workshop aufmerksam

der Subjekte, die sich in diesen Workshops artikulierten, rückte die Vorstellung, daß die Zukunft weiblich sei, jedenfalls in greifbare Nähe. Und auch daß die Mobilisierung von Frauen auf der Grassroot-Ebene der kürzeste Weg in die Demokratie sei, wie ein anderer Veranstaltungstitel verhieß, erschien durchaus glaubhaft und möglich.

Daß frau sich im Kontext der Bewegungen des Südens befand, wurde am spürbarsten dann, wenn Vertreterinnen Südafrikas auftraten – sie ernteten die heftigste Begeisterung, denn ihr Land ist für viele das aktuelle Symbol der Befreiung. Die Frauen des Nordens traten weder als vorantreibende Kraft noch als Zielscheibe von Kritik besonders in Erscheinung. Von weißen Amerikanerinnen wurde der sich verschärfende Rassismus in den USA im Zusammenhang mit der Zunahme aller Arten von Konservatismus benannt. Die Women of Color und die „indigenous, ethnic minority, refugee, migrant and small island women" wiesen darauf hin, daß neben der „Gender gap" auch kulturelle, rassistische, nationale, ethnische, religiöse und sonstige Kluften existieren, und versuchten Aufmerksamkeit für Belange zu gewinnen, die von indigenen Rechten bis zu Umweltrassismus reichen. Ihr Ruf, daß das Geschlecht nicht das einzige Thema bei Weltfrauentreffen sein könne, zog jedoch keine kontroversen Debatten nach sich. Im Plenum kritisierten indigene Frauen eher zurückhaltend den Menschenrechtsbegriff der Vereinten Nationen, der aus Menschenrechten Individualrechte macht und den indigenen Völkern das „s" bei „people(s)" nicht zugesteht, d.h. ihre Rechte als indigene Völker nicht anerkennt. Erheblich unterrepräsentiert waren die Frauen aus der ehemaligen Sowjetunion – auch das wurde zwar erwähnt, führte aber nicht zu öffentlichen Konflikten.

Kontroversen oder Angriffe, die die Herrschaftsverhältnisse zwischen Frauen aus und in unterschiedlichen Teilen der Welt thematisiert hätten, gab es also nicht – von der Auseinandersetzung um religiösen Fundamentalismus einmal abgesehen: „Männer und Frauen Hand in Hand! Sagt nein zu Abtreibungen! Sagt nein zu Ehebruch!" forderten beispielsweise muslimische Frauen aus Kuwait, während Gegendemonstrantinnen (darunter auch Frauen aus islamischen Ländern) skandierten: „Religion, rückwärtsgerichtete Moral und Traditionen – Hände weg vom Leben der Frauen!" Für die Gesamtatmosphäre des Forums jedoch galt: Globale Einheit schaffen, Frauen unterschiedlichster Herkunft und aller „Rassen" zu Allianzen verbinden – hinter diesem Ziel traten die Differenzen zurück.

• **Schwerpunkt „Vernetzung".** Anlaß zur Hoffnung gibt, wie zäh und geduldig, praktisch und auch pragmatisch die Frauen der Welt ihre Vorstellungen in die Tat umzusetzen versuchen, wie unermüdlich sie ihre Netzwerke knüpfen und die notwendigen Ressourcen schaffen. Raxon Grahame beispielsweise, Vertreterin der „Teens in Action" in Jamaika und Rednerin bei dem Dialog zwischen den Generationen, betonte nicht nur die Notwendigkeit unterstützender Beziehungen zwischen Teenagern und der Gemeinschaft – sie wurde auch gleich ganz praktisch: „Wir brauchen Computer, um Informationen zu erhalten!" rief sie der Zuhörerschaft zu. „Vernetzung“ war die praktische Aktivität, die das Forum bestimmte. Dahinter stand das Ziel, die Vielfalt zu gemeinsamen Handlungsgrundlagen und -perspektiven zu verknüpfen.

Bei den Verpflichtungen für die Zukunft, die die NGOs aller Weltregionen zum Schluß des Forums abgaben, dominierten daher auch die Bekenntnisse zu Zusammenarbeit und Solidarität. Insbesondere die Afrikanerinnen hoben immer wieder die Notwendigkeit von Solidarität auf dem afrikanischen Kontinent hervor, unterließen in ihrer Kritik an Weltwirtschaft und Strukturanpassung allerdings die kritische Auseinandersetzung mit den eigenen Regierungen. Sehr eindrucksvoll berichteten die süd-asiatischen NGO-Vertreterinnen über den Beijing-Prozeß: Unter dem Slogan „Laßt uns Beijing in unsere Länder bringen!“ hatten sie im Vorfeld massenhaft mobilisiert und dadurch einen Bewußtseinsprozeß initiiert. Viele Frauen hätten zuvor nicht gewußt, was international passiert. Durch den Beijing-Prozeß jedoch sei die Aufspaltung in globale und lokale Politik aufgebrochen worden, da deutlich wurde, daß Interventionen mit dem Ziel wirklicher Veränderung nicht möglich sind, ohne beide Ebenen – die Mikro- und die Makro-Ebene – in Betracht zu ziehen. Diesen Frauen gegenüber seien die, die nach Beijing fahren konnten, nun rechenschaftspflichtig.

Rechenschaftspflicht, Solidarität, Respekt, Toleranz, Stärkung der Zivilgesellschaft – diese Begriffe fielen in den Großveranstaltungen immer wieder. Und es fiel der Begriff der ‚Transformation‘ – der Umwandlung der bestehenden Welt in eine, die diesen Werten entspricht. Diese Umwandlung wird getragen von den Visionen all derer, die sich in Huairou versammelten. Der Kampf der kleinen Schritte mit dem Ziel einer global neuen Gesellschaft, gespeist aus der Unterschiedlichkeit der Erfahrungen in den unterschiedlichen Teilen der Welt, wird vielleicht keine spektakulären Ergebnisse erzielen. Aber daß die Frauen nicht bereit sind, ihre Ziele aus den Augen zu verlieren, wurde in Huairou wesentlich deutlicher, als es das gemeinhin in Deutschland mit seiner zersplitterten Frauenbewegung ist.

Das Forum und die westlichen Medien

Das Verhältnis der westlichen Presse zu dem Forum – wie auch umgekehrt des Forums zur Presse – erwies sich als äußerst schwierig. Für die PressevertreterInnen aus den westlichen Industrienationen stand die Menschenrechtsfrage im Vordergrund. Öffentliche Hinrichtungen im unmittelbaren Vorfeld der Weltfrauenkonferenz – von den chinesischen Machthabern mit der Sicherheit der Konferenzteilnehmerinnen begründet – hatten die Aufmerksamkeit auf Menschenrechtsverletzungen in China gelenkt. Dieses Thema hatte in den letzten Jahren keineswegs Konjunktur – wirtschaftliche Interessen standen im Vordergrund. Daß in China Massenexekutionen Tradition haben – amnesty international zählte für das Jahr 1994 in China 1.791 Hinrichtungen –, beeinträchtigte das ökonomische Interesse am riesigen Marktpotential Chinas keineswegs. Die Reise der deutschen Weltfrauenkonferenz-Teilnehmerinnen nach China jedoch, die nicht mit Wirtschaftsabkommen verknüpft war, bot der deutschen Politik eine willkommene Gelegenheit, das Menschenrechtsthema wieder mal zur Sprache zu bringen.

Ungeachtet der Themenfülle des NGO-Forums geriet unter diesen Vorzeichen die Berichterstattung zum China-Tribunal. Die Mehrzahl der westlichen Medienberichte war so stark auf angebliche Vorfälle beim Forum gerichtet, daß sie den Menschen einen, gelinde gesagt, einseitigen Eindruck von dem Geschehen vermittelte. „Forum von Agenten durchsetzt!“ lauteten in Deutschland die Meldungen zum Forumsauftakt; danach wurden vereinzelte Geschehnisse so übertrieben dargestellt, daß deutsche LeserInnen die Frauen im heftigen Abwehrkampf gegen die Repression wähnen mußten. Doch zu einem tatsächlichen Einschreiten der dauerpräsenten Sicherheitskräfte – Wegnehmen einer Kamera, Belästigungen von TeilnehmerInnen – kam es nur in wenigen Fällen.

Das stellte auch Sondra Field Grace fest, eigentlich eine Kaukasierin, aber seit vielen Jahren durch Landbesetzungen und zivilen Ungehorsam an der „Speerspitze“ der Bewegung für einen unabhängigen Nationalstaat Hawaii tätig. Grace berichtete nach ihrer Rückkehr von der Weltfrauenkonferenz in der Kauai Times über ihre Erfahrungen in Huairou. Ein wichtiger Punkt für sie war, wie die Medien das Ereignis dargestellt hatten. Im Gegensatz zur internationalen Presseberichterstattung konnte die hawaianische Aktivistin keine Einmischung der chinesischen Regierung in das Forumsgeschehen feststellen. „Persönlich habe ich keine Belästigungen (durch Sicherheitskräfte) bemerkt", so Sondra Field Grace. „Als wir in Huairou ankamen, sahen wir als allererstes junge Leute, Studentinnen aus ganz China, Jungen und Mädchen, die als Freiwillige den NGO-Delegierten halfen, sich registrieren zu lassen oder ihre Unterkünfte und Workshops ausfindig zu machen." Viele Forumsteilnehmerinnen hätten sich – sagte Sondra Field Grace – vorgenommen, bei ihrer Rückkehr Beschwerdebriefe an Zeitungen zu schreiben und die Medienberichterstattung zu kritisieren.

Doch bereits in Huairou manifestierte sich der Unterschied zwischen Süd und Nord im unterschiedlichen Verhältnis zu und Umgang mit China von Tag zu Tag deutlicher. Schon der Start der Kommunikation zwischen Presse und Forum war schlecht: Die erste Pressekonferenz des NGO-Forums endete mit Frustration auf beiden Seiten, der der Presse (insbesondere der westlichen) und der der NGO-Veranstalterinnen. Bereits die ersten Fragen von MedienvertreterInnen waren recht scharf, nahmen die Rolle der Weltbank als einer der Sponsoren des Forums aufs Korn und vermuteten dahinter unzulässige Einflußnahme. Danach dann ging es hart zur Sache: Ob die Meinungsfreiheit wirklich gewährleistet sei auf dem Forumsgelände? Es hagelte Beschwerden – über die Sicherheitsmaßnahmen, die Hotelunterbringung (eine Anzahl von JournalistInnen war zwangsweise in sogenannte Journalistenhotels umquartiert worden), die weiten Anfahrtwege. Eingegangen wurde auf diese Kritiken von Seiten der Veranstalterinnen jedoch kaum; Irene Santiago aus Chile, der Exekutivdirektorin des Forums, platzte schließlich sogar der Kragen, und sie fuhr die Presseleute an: „Die letzte Weltfrauenkonferenz in Nairobi war eine wundervolle Erfahrung – und das nur deswegen, weil die Frauen die ganze Sache selber auf die Beine stellten! Wir hatten nur den

Campus und die Klassenräume – sonst nichts, keine Shuttlebusse oder dergleichen! Hier in Huairou wurde uns von chinesischer Seite sogar mehr gegeben, als wir verlangt haben!“ Und dann fragte sie die JournalistInnen noch, ob sie zu den Inhalten des Forums denn überhaupt nichts wissen wollten? Doch mehr als ein paar pflichtgemäße, eher widerwillige Fragen (und Antworten) erfolgten darauf nicht.

Auf diesem Level pendelte sich die Auseinandersetzung in den folgenden Tagen ein. Bei einer Großveranstaltung zum Thema „Medien“ fragte die chinesische Journalistin Xiong Lei unter großem Applaus: „Was tun die westlichen Berichterstatter? Sie suchen immer nach Ärger und Konflikten, und wenn sie keine finden, produzieren sie sie selber!“ Die Pressearbeit von chinesischer Seite trug zur Beilegung des Konflikts wenig bei, sie lieferte im Gegenteil neuen Zündstoff. Bei einer Pressekonferenz zu Beginn der offiziellen Weltfrauenkonferenz prallten kritische Fragen an den chinesischen DelegationsvertreterInnen ab wie an einer Wand. Auf dem Podium fünf würdige Herren in Anzügen und eine ebenfalls steif gekleidete Dame; es redeten fast ausschließlich die Herren. Sie stellten zunächst ausführlich dar, wie sehr der chinesischen Regierung die Frauenkonferenz am Herzen läge und wie groß die Wertschätzung der Vereinten Nationen über die chinesische Konferenzvorbereitung sei. Daß die Organisation des Ereignisses großartig sei, betonten dann auch einige regierungstreue chinesische Pressevertreter, die bevorzugt das Wort erteilt bekamen. Kritische Fragen nach Vorfällen bei dem Forum wurden mit Darstellungen über den heroischen Einsatz der Sicherheitskräfte abgeblockt, die einen verlorenen Paß wiedergefunden hätten, aber auch die verlorengegangene Mutter eines Kindes. Als die kritischen Beiträge sich mehrten, hieß es: „Nun sind zehn Fragen gestellt, damit ist die Pressekonferenz beendet.“ Mit diesen Worten standen die chinesischen Offiziellen auf, ohne für eine Sekunde das höflichste aller Lächeln aus dem Gesicht zu verlieren, und verließen gemessenen Schrittes den Raum. Da wurde die Tatsache öffentlicher Hinrichtungen in dem so modern und „zivilisiert“ wirkenden Land plötzlich für einen Moment vorstellbar.

Auch eine Pressekonferenz des China Organizing Komitees bei dem NGO-Forum zwei Tage später ließ keinen besseren Eindruck aufkommen. Diesmal wurde mit einer Frau aufgewartet – Zirem Chouga, Vorsitzende eines regierungstreuen tibetischen Frauenverbandes. Sie wurde nicht müde zu preisen, wie gut es Tibet als Bestandteil Chinas gehe – wer etwas anderes behaupte, wie die Vertreterinnen eines unabhängigen Tibets, verbreite Lügen. Eine junge asiatische Journalistin neben mir war von dem Schauspiel ganz verwirrt, sie fragte mehrere Male: „Wieso trägt diese Frau die tibetanische Tracht?“ Sie konnte gar nicht fassen, daß es sich wirklich um eine Tibeterin handelte, und nicht um eine Chinesin. Bei der Pressekonferenz waren auffällig viele europäische und nordamerikanische JournalistInnen anwesend, auch einige asiatische; Gesichter von Afrikanerinnen, Inderinnen, indigenen Frauen, schwarzen Amerikanerinnen waren jedoch nicht zu sehen. Die Mehrzahl der Frauen der Welt hatte zu diesem Zeitpunkt ihre Haltung zum Thema „Medien und Menschenrechte“ längst gefunden: Ihr Ärger galt den internationalen Medien.

Während diese nicht müde wurden, jeden Vorfall auf dem Forum unter Hinweis auf die Menschenrechte aufzubauschen, wuchs bei den Frauen Afrikas, Asiens und Lateinamerika der Unmut auf die Presse. Und es häuften sich die Danksagungen an China, seine Bevölkerung, an die Einwohner Huairous und an die chinesischen Freiwilligen insbesondere, ohne deren Arbeitseinsatz das Gelingen des gigantischen Forums unmöglich gewesen wäre. „Dank an die Menschen in Huairou von Thai-Frauen“ – Transparente ähnlichen Inhalts waren am Abschlußtag des Forums überall zu sehen. Der Asiatische Frauenrechtsrat lobte in einer Erklärung die Wärme und Gastfreundschaft der chinesischen Bevölkerung: „Wir danken Euch allen dafür, uns zum Verständnis und zur Wertschätzung von Kulturen verholfen zu haben, die noch nicht völlig von krasser Kommerzialisierung überwältigt sind. Wir danken Euch dafür, uns gezeigt zu haben, daß die Sprache keine Barriere dafür sein muß, einander zu erreichen.“ Der offene Brief kritisierte zugleich im Namen zahlreicher Teilnehmerinnen die besessene Konzentration der internationalen Medien auf die Menschenrechtsfrage. „Ihrer

Kritik unterliegt eine Haltung; eine Haltung, die bestenfalls als mangelnde Sensibilität anderen sozialen Systemen gegenüber gewertet werden kann, und schlimmstenfalls als Rassismus und Vorurteil", so der Asiatische Frauenrechtsrat.

Die nicht-konfrontative Politik des NGO-Forums bedeutete nicht, daß die Exil-Tibeterinnen während des Forums bei ihren Aktionen nicht von den Umstehenden geschützt wurden, daß die Kritik an der Ein-Kind-Politik und den chinesischen Atomtests nicht geäußert worden oder der Wunsch nach Beendigung aller Fremdherrschaft nicht zum Ausdruck gebracht worden wäre. Jedoch trennten die Teilnehmerinnen aus dem Süden viel klarer zwischen den Menschen und Kulturen und der Politik von Nationalstaaten. Sie entsprachen damit der Forderung, die eine Vertreterin des All-Chinesischen Frauenverbandes bei der Schlußveranstaltung an ihre Zuhörerinnen richtete: sie sollten nicht nur – dem Motto des Forums entsprechend – durch die Augen der Frauen auf die Welt schauen, sondern auch mit ihren eigenen Augen auf China. Mit ihren eigenen Augen – das heißt: offen und unvoreingenommen. Das wirkliche China – ein Land im Wandel – verschwand hinter der Berichterstattung durch die westliche „Menschenrechts"-Brille ebenso wie die Inhalte und Diskussionen des NGO-Forums.

Ein Beispiel für einen offeneren Blick auf China gibt ein Artikel aus der Earth Times, die vorangegangene UN-Konferenzen und NGO-Foren als unabhängiges Medium begleitete, diesmal aber erst nach langwierigen Verhandlungen mit den chinesischen Behörden und mit großer Verzögerung erscheinen durfte. In der Ausgabe vom 16. September befaßte sich Mathilde Camacho unter der Überschrift „Nettes Lächeln in Beijing" mit dem Wandel in China:

Kehr nach ein paar Jahren nach Paris zurück und du bist zu Hause. Wie immer siehst du die imposanten Gebäude, die von Bäumen gesäumten Boulevards sind immer noch genauso schmuck, die Straßenmärkte noch genauso farbig und die Metro riecht vertraut.

Und die Franzosen – sie werden eben immer die Franzosen sein. Dasselbe ließe sich von London sagen oder auch von New York.

Was aber ist mit Peking? Sicher gibt es dort einige unverwechselbare Wahrzeichen wie die Verbotene Stadt, die Parks und die baumbegrenzten Avenuen. Aber das Gefühl hat sich verändert. Da sind große Gebäude. Da sind Übergänge und Unterführungen. Und da ist eine völlig neue Atmosphäre, geprägt von Hoffnung und Dynamik. Die Gesichter sind heiter. Helle Farben überall: in den Kleidern von Frauen und Kindern, den Reklameflächen, den Auslagen und Markisen der Geschäfte. Die Läden sind übervoll mit allem, was du brauchst oder haben möchtest. Die Menschen unterhalten sich angeregt, man hört Lachen.

Dies ist immer noch das Land des Fahrrads. Hunderte von ihnen rollen die Straßen entlang. Nicht zu schnell, stetig, beinah würdevoll drehen sich die Reifen. Da ist kein Vorbeizischen, kein rasches Ausweichen vor Autos und Bussen. Sie haben ihre eigene Fahrspur und Gangart. Und man kann sie immer noch vor jedem Gebäude abstellen, zusammen mit denen aller anderen Leute. Du mußt auch keine schweren Ketten und Schlösser benutzen, um sie gegen Diebstahl zu sichern. Immer noch regiert die Ehrlichkeit. Du wirst dein Rad unberührt am selben Platz wiederfinden.

Der Wandel geht tief. Ein Vater zweier Söhne beklagte sich im Gespräch, daß die Familientraditionen sich veränderten. Der Respekt vor älteren Menschen schwinde dahin. „Ich habe nie mit meinem Vater argumentiert“, sagte er, „aber heute streiten meine beiden Söhne mit mir und erzählen mir, daß meine Ansichten falsch seien. Was soll man dazu sagen? Selbst wenn die Familie Fernsehen schaut, kann das schiefgehen. Die älteren Leute wollen dieses Programm sehen und die jüngeren ein anderes. Es gibt Diskussionen. Früher hätte es niemals eine Diskussion gegeben.“

Mein Freund setzte das Gespräch damit fort, daß er über die Fülle kleiner Geschäfte sprach, die er für eine gute Sache hält.

Er fügte aber hinzu, daß jetzt jeder Geld wolle. Die Preise würden unregulierbar. Die Inflation werde wachsen und die Regierung könne den Wandel nicht kontrollieren oder mit ihm Schritt halten. „Wo soll das alles hinführen?“

Ganz gewiß zu noch mehr Wandel. Mit dem Schlürfen von Coca Cola, dem Mampfen von Hamburgern und Fritten, dem Schlekken von Eiskrem werden sich Gesundheit und Körper verändern. Einige Veränderungen sind gut, andere möglicherweise schlecht. Aber der Wandel ist unaufhaltsam.

Komm in ein paar Jahren zurück und schau's dir selbst an.

Begegnung mit chinesischen Frauen

Im Oktober 1995 versendete APC (Vereinigung für progressive Kommunikation) via Internet ein Statement, das einer Mitarbeiterin des Internationalen Friedensbüros in Genf im September von einer Chinesin ausgehändigt worden war. Während eines NGO-Meetings im Kontext der Weltfrauenkonferenz hatten die beiden sich über die Probleme chinesischer Frauen unterhalten; am nächsten Tag erschien die chinesische Gesprächsteilnehmerin mit der von ihr verfaßten Stellungnahme und der Bitte, diese ohne Angaben zu ihrer Person so weit wie möglich zu verbreiten. In der deswegen anonym als „Note from a Chinese Women" um den Globus geschickten persönlichen Erklärung heißt es: „Ich bin sehr glücklich darüber, an der Konferenz teilzunehmen, und fühle mich sehr ‚empowered' durch all die Frauen aus der ganzen Welt. Gleichzeitig bin ich traurig wegen meiner Schwestern, die von der Konferenzteilnahme ausgeschlossen wurden. Zu behaupten, der chinesische Frauenverband sei eine Nichtregierungsorganisation, ist ein Scherz. Jeder weiß, daß es sich bei dem Verband um eine Unterabteilung der chinesischen Regierung handelt. Er wird von der chinesischen Regierung finanziert und kontrolliert. Auch andere chinesische ‚NGOs' erfüllen nicht die Kriterien einer Nichtregierungsorganisation. Unglücklicherweise kommen die meisten NGO-Delegierten aus der Dachorganisation oder regionalen Untergruppen des Chinesischen Frauenverbandes, oder aus anderen Organisationen mit engem Kontakt zur Regierung. Auf diese Art und Weise wurden wirkliche Nichtregierungs-

Gruppierungen (das heißt Frauen, die nicht direkt für die Regierung arbeiten, wie Bäuerinnen und Arbeiterinnen, Frauen, die eine Kontrolle durch die Regierung ablehnen, usw.) von der Konferenz ausgeschlossen." Die Verfasserin äußerte weiterhin die Einschätzung, diese regierungskontrollierten „NGOs" hätten die Mission übernommen, überall zu verbreiten, wie gleichberechtigt die chinesischen Frauen seien. Damit sollten diese zum Schweigen gebracht werden über ihre Leiden in der chinesischen männerdominierten Gesellschaft.

Diesen Eindruck machten die Chinesinnen, die ich bei der Weltkonferenz traf, jedoch nicht auf mich. Allerdings konnte ich mit keiner sprechen, ohne daß gleich ein rotes Alarmsignal in meinem Kopf aufleuchtete: „Halt! Bei dieser Frau handelt es sich sicher um eine von der Regierung indoktrinierte und mundtot gemachte!" Auch ich witterte überall Menschenrechtsverletzungen. Bei einigen Gelegenheiten erschien mir diese Gedanken jedoch plötzlich als Ausdruck meiner eigenen Indoktrination. Denn Freude läßt sich nicht von oben verordnen, sie kommt vom Herzen. Und sie freuten sich, die Chinesinnen. Der Caucus der chinesischen NGOs in einem besonderen Gebäude nahe des Beijing Konferenzzentrums rief in mir Erinnerungen an die Hochzeiten der deutschen Frauenbewegung wach – die Chinesinnen strömten über vor Begeisterung ... Ihre Vorschläge für die Aktionsplattform hatten sie bereits im März nach New York geschickt, an die Vereinten Nationen; sie enthielten Aussagen zu acht Bereichen, nämlich: Beseitigung der Armut; Partizipation an der ökonomischen Entwicklung; politische Partizipation; Erziehung; Gesundheit; Umwelt und nachhaltige Entwicklung; Menschenrechte von Frauen und Kampf gegen die Gewalt an Frauen; und schließlich: Frieden. Nun interessierte sie die Aktionsplattform, um die einige hundert Meter weiter so vehement gestritten wurde, überhaupt nicht mehr; sie erschienen wie trunken vor Freude, so voller Glück, einander endlich gefunden und endlich die Möglichkeit zum Austausch zu haben, inmitten dieser großen wunderbaren internationalen Frauenbewegung; als würde deren Aufwind sie in den Himmel tragen. Mit leuchtenden Augen traten sie ans Mikrofon, beispielsweise um strahlend von einem neuen Landfrauenmagazin zu berichten: „Wenn wir China verändern wollen, müssen wir die ländlichen Gebiete verändern! Wollen wir die ländlichen Gebiete verändern, müssen wir die Frauen verändern!“ Der Piongeist war derselbe wie der der frühen frauenbewegten Publizistinnen in Deutschland – „Das allerwichtigste ist es, Frauen stark zu machen!“ – die Auflage des Magazins allerdings beträgt stattliche 160.000 Exemplare. Andere berichteten von ihrer Arbeit in Frauenforschungseinrichtungen. Und immer wieder diese Begeisterung, mit der sie imaginären männlichen Widersachern Sätze entgegenschleuderten wie: „Frauen machen 51 Prozent der Weltbevölkerung aus! Ihr werdet keine Entscheidung mehr ohne uns treffen können!“ oder, einfach und ergreifend: „Weibliche Führerinnen sind wirklich toll!“

Enthusiasmus, Stolz, Befriedigung darüber, Gastgeberinnen all dieser vielen Frauen aus der ganzen Welt zu sein – diese Gefühle äußerten die Chinesinnen in Huairou und Beijing immer wieder. „Verehrte Schwestern und Freunde! Es ist mir eine große Ehre, hier zu sprechen – vor Frauen aus fünf Kontinenten!“ begann eine Vertreterin des All-Chinesischen Frauenverbandes ihre Rede auf dem NGO-Forum. „Ich bin freudig erregt wie nie zuvor in meinem Leben – weil diese so bedeutsame Konferenz hier in China stattfindet, in dem Land, in dem ich geboren wurde und meine Vorfahren starben, und dem ich meine ganze Liebe gewidmet habe.“ Darauf sang sie ein Lied: „Die Welt ist nicht weit entfernt. Laßt uns die Große Mauer erklimmen, zusammen, Arm in Arm!“ Aus der nun folgenden Rede wurde deutlich, daß es sich bei dieser Chinesin um eine der Regierung nahestehende Politikerin handelte. Und trotzdem rührte es alle Zuhörerinnen, als sie sich zum Schluß auf die vorhergehenden Weltfrauenkonferenzen bezog, zu denen sie offensichtlich hatte reisen dürfen. Nicht diese Tatsache war bewegend, sondern wie sie davon sprach: „In Kopenhagen (bei der ersten Weltfrauenkonferenz) war ich Mutter. Jetzt bin ich Großmutter. Aber das Alter zählt nicht. Was wichtig ist, Schwestern, ist, daß wir zusammenarbeiten!“

Eindrucksvoll waren die persönlichen Begegnungen. Sie brachen ein klein wenig das entfremdete Verhältnis zu den fremden Schwestern und dem fremden Land auf. Entfremdet deshalb, weil der Druck des gigantischen Konferenzgeschehens und die anstrengende Arbeit der Berichterstattung den Blick auf die andersartige Gesellschaft und Kultur noch zusätzlich zu den verinnerlichten Stereotypen und Wahrnehmungsblockaden verstellte. Daß ich wirklich in China war, kam mir in dem ganzen Trubel nur in seltenen Momenten richtig zu Bewußtsein. Auch diese Momente waren – wie mir später auffiel – nicht frei von Klischeevorstellungen. „Richtig" in China fühlte ich mich beispielsweise, als ich einmal die breiten, von modernen Hochhäusern und Mietskasernen gesäumten Straßen hinter mir ließ und in das Netz kleiner Seitenstraßen eintauchte. Hier „wimmelte" es plötzlich von Menschen, hier erzählten die Behausungen, Garküchen, Kioske, Verkaufsstände von „Armut", hier hatte man auf einmal den Eindruck, in einem Entwicklungsland zu sein, ergo „woanders" und nicht bei uns. Derselbe Eindruck kam auf, als ich in der Pekinger U-Bahn von der in den Waggon drängenden Menschenmenge fast zerquetscht wurde und zwischen all den Frauen in moderner westlicher Kleidung auch eine ältere erspähte, die so etwas wie einen geschlechtslosen Arbeitsanzug trug. Oder als wir einmal morgens in der Nähe eines Stahlwerks zwischen Tausende von RadfahrerInnen gerieten, die unterwegs zur Arbeit waren. Menschenmassen, uniformierte Kleidung, aber auch Jadefiguren auf den Marktständen und goldene Drachen im Kaiserpalast – das erweckte „vertraute" Assoziationen über das ferne China, auf dessen Boden man sich befindet. Diese Assoziationen deckten sich mit den aus Fernsehen oder Büchern gespeisten Bildern.

Um so wichtiger waren die aus „erster Hand" – dem persönlichen Gespräch – gewonnenen Eindrücke. Sie entstanden zum Teil durch Interviews. Eine alte Chinesin, die ich befragte (Catherine Yuan), erweckte in mir zwar auch mißtrauische Zweifel über die Unabhängigkeit ihrer Äußerungen, gleichzeitig entdeckte ich an ihr eine fast kindliche Fähigkeit zur Freude und eine mütterliche oder einfach menschliche Fähigkeit zur Anteilnahme. Am Schluß des Gesprächs berührte sie meinen Arm, besorgt über den leichten Sonnenbrand auf meinen Schultern, und wünschte mir alles Gute. Anrührend war auch die spontane, offene Neugier der Frauen, deren Weg ich beim Spaziergang in Huairou kreuzte: Sie betrachteten mich genauso interessiert wie ich sie. Nonverbale Begegnungen können intensiver im Gedächtnis haften bleiben als viele Worte: Bei einer Rast in einem winzigen Laden, die Wände ohne Regale kahl, die Ladentheke karg ausgestattet, rückte die Inhaberin mir Tisch und Stuhl zurecht und bereitete mir einen Kaffee. Während ich langsam die Tasse leerte, unterhielt sich die Chinesin mittleren Alters die ganze Zeit mit mir – in Chinesisch. Ich antwortete in Englisch, ohne zu wissen was sie sagte und ohne daß sie ein Wort Englisch verstand. Die Kommunikation war trotzdem rege. Schließlich kam die Frau um den Ladentisch herum, legte sachte eine Hand auf mein Bein, redete, lächelte – und ich lächelte zurück. Eine gelungene Verständigung.

Die Schwierigkeiten der Verständigung zeigen die folgenden Interviews. Sie dokumentieren Unsicherheiten auf beiden Seiten, die mühsame Annäherung an Menschen einer fremden Kultur.

1. Eine junge chinesische Christin

Gemeinsam mit einer deutschen kirchlichen Mitarbeiterin spreche ich mit ihr am Rand einer Veranstaltung des chinesischen Christenrates und der YWCA Chinas in Huairou. Sie wirkt sehr schüchtern, eingeschüchtert auch durch unser Fragen, ihr Englisch ist stockend.

F: Ich sehe hier die chinesischen Frauen bei der Konferenz, mit ihren gelben T-Shirts – aber ich kann sie nicht verstehen und weiß nicht, woher sie kommen.

A: Einige kommen von englischen Sprachschulen. Sie leben nicht hier, sondern in Peking.

F: Sind hier auch Vertreterinnen von Frauen-NGOs?

A: Ich selber habe an einem Workshop des chinesischen Christenrates teilgenommen. Hier sind aber auch Frauen des Vereinigten Frauenverbandes und aus dem Bereich der Erziehung.

F: Haben Sie mit diesen Frauen gesprochen? Konnten Sie einen Eindruck gewinnen, um was es ihnen hier bei dem Forum geht?

A: Ich verstehe sie nicht besonders gut, weil ich mit der Kirche hier bin. Meiner Ansicht nach geht es ihnen jedoch hauptsächlich darum, die Gleichberechtigung von Frauen und Männern voranzubringen.

F: Meinen Sie, daß die Weltfrauenkonferenz für die chinesischen Frauen wichtig ist?

A: Ja, ich denke schon. Sie ist eine Lobby für Frauenrechte.

F: Was berichtet die chinesische Presse über die Konferenz?

A: Sie sagen, diese Konferenz sei eine gute Chance für China und für den Fortschritt von Frauen.

F: Wird die Konferenz an Ihrem Leben etwas ändern?

A: Ich bin der Meinung, daß ich gleichberechtigt mit Männern bin.

F: Sehen Sie die Konferenz und das Forum trotzdem als Schritt nach vorne an? Und wenn ja, in welcher Hinsicht?

A: Ich kann an diesem Treffen teilnehmen. Ich sehe viele Frauen aus allen Teilen der Welt. Ich komme mit ihnen in Kontakt. Ich habe an Workshops von Japanerinnen und Afrikanerinnen teilgenommen. Das ist für mich ein großer Gewinn.

2. Eine Vertreterin des chinesischen Christenrates kommt hinzu

F: Welche Bedeutung hat diese Konferenz für das Leben der chinesischen Frauen?

A: Wir haben sehr auf diese große Konferenz gewartet, die speziell für Frauen ist und das Bewußtsein von Frauen voranbringen wird – das Bewußtsein über Menschenrechte, über Frauenrechte, darüber, wie wir zusammenkommen und uns neue Möglichkeiten schaffen können. Die Menschen arbeiten hier sehr hart, um Freunde aus aller Welt zu diesem großen Ereignis willkommen zu heißen.

F: Wie viele Frauen-NGOs aus China sind hier vertreten?

A: Insgesamt sind es 30.000 Teilnehmerinnen aus aller Welt, davon 5.000 College-Studentinnen als Übersetzerinnen und freiwillige Arbeitskräfte. Was die NGOs betrifft: Insgesamt sind es 42 NGO-Workshops, von denen wir viele sponsern. Jede Provinz hat ihre NGO-Delegation, in denen sich auch viele Grassroot-Vertreterinnen befinden.

F: Sind das unabhängige NGOs, autonome Gruppen, die selber entscheiden können?

A: Ja. Viele von ihnen.

F: Ist es eine gute Erfahrung für sie, hier zu sein?

A: O ja. Für uns alle ist es toll! Es ist für alle NGOs die erste Erfahrung dieser Art, die erste Erfahrung in internationaler Kommunikation. Es ist so aufregend, uns untereinander und mit all den anderen auszutauschen! Aber jetzt muß ich leider weiter, man wartet schon auf mich.

F: Vielen Dank!

3. Interview mit Catherine Yuan, Professor of Nursing.

Das Gespräch kommt bei einem Besuch im Zelt der älteren Frauen zustande. Eine Europäerin, die an den Aktivitäten dort beteiligt ist und in mir aufgrund meines Ausweises eine Pressevertreterin erkennt, macht mich mit der „interessanten Gesprächspartnerin", wie sie sagt, bekannt.

F: Das ist Ihre Karte? Sie ist ja in Englisch, wie schön! Sie sind Honorarpräsidentin der chinesischen Pflegerinnenvereinigung und Gastprofessorin der Jing-Ling Universität für alte Menschen ... Universität für alte Menschen! Wie interessant! Ich wußte gar nicht, daß es so etwas gibt!

A: Ich bin selbst 78 Jahre alt. Ich war über 15 Jahre in der Pflegeerziehung und -verwaltung tätig und unterrichte jetzt als Professorin an der Universität für alte Menschen. Es gibt 5.300 solcher Universitäten.

F: Was lernen die Leute da?

A: Literatur, Singen, Maßschneidern, ja sogar Englisch ... Sie erwerben außerdem eine Menge Wissen, wie sie für sich selber sorgen können.

F: Ab welchem Alter kann man diese Universität besuchen?

A: Nachdem man sich zur Ruhe gesetzt hat, das heißt mit 55 oder 60 Jahren. Wir haben 130.000 Studenten, davon die Hälfte Frauen – in den großen Städten sind es sogar 60 Prozent Frauen, in den ländlichen Gebieten dagegen nur 20 Prozent. Die Experten, die unterrichten, kommen aus der Wissenschaft, aber auch von Krankenhäusern.

F: Müssen die Leute für den Universitätsbesuch zahlen?

A: Nur sehr wenig.

F: So kann also jede/r an diesen Kursen teilnehmen?

A: Ja. Und sie erwerben nicht nur Wissen, das für ihre geistige und körperliche Gesundheit wichtig ist – sie knüpfen auch Freundschaften.

F: In Deutschland sitzen die alten Menschen oftmals einsam und alleine in ihren Wohnungen ...

A: Sie lernen auch, aufeinander aufzupassen, darauf zu achten, wie es den anderen geht, einander zu helfen. Außerdem schreiben sie Gedichte, sie zeichnen ... Sie sind so froh, so voller Freude – wie junge Mädchen im Frühling ... Sie singen, springen, tanzen ... Sie kommen nicht nur zusammen, um zu lernen, sondern auch für vielerlei Aktivitäten außerhalb der Universität.

F: Hört sich an wie ein Paradies!

A: O ja! Die Universitäten für ältere Menschen sind für chinesische Frauen das Paradies auf Erden!

F: Gibt es keine Probleme?

A: Klar, die gibt es auch – vor allem mit der Finanzierung.

F: Woher kommt das Geld für diese Einrichtungen? Vom Staat?

A: Die Regierung zahlt etwas, die Studierenden selber, aber auch die Gemeinden geben ihre Unterstützung.

F: Und hat sich durch den wirtschaftlichen und politischen Wandel in China in den letzten Jahren in diesem Bereich etwas geändert?

A: Das Ganze fing an mit nur wenigen Universitäten, aber es werden immer mehr. Und den Menschen gefällt es so in diesen Universitäten, sie wollen dort überhaupt nicht mehr weg.

F: Was tun Sie hier bei dem Forum?

A: Ich halte kleine Vorträge darüber, wie unsere Älteren leben.

F: Und was denken Sie über das Forum? Ist es eine gute Erfahrung für chinesische Frauen?

A: O ja! Wir schließen eine Menge Freundschaften. Und wir fühlen uns so befriedigt, weil wir die Gelegenheit haben, an dieser Weltfrauenkonferenz teilzunehmen. Finden Sie es okay, wie wir das Ganze organisieren?

F: Na ja ... Es gibt einige Probleme. Das Hauptproblem ist, daß das Forum nach Huairou verlegt wurde. Es würde besser in Peking stattfinden ... ohne all diese Schwierigkeiten mit der Hotelunterbringung und den langen Wegen ...

A: ... die versucht man aber doch zu lösen!

F: Aber es war eine politische Entscheidung, das Forum zu verlegen, meinen Sie nicht?

A: Nein, das glaube ich nicht. Das Stadion, wo das Forum ursprünglich stattfinden sollte, war baufällig.

F: Ja, davon habe ich gehört. Diese Verlegung ist jedenfalls sehr hart für viele Frauen.

A: Meinen Sie wirklich?

F: Ja, tatsächlich, weil es nun so abgetrennt von der offiziellen Konferenz ist, es gibt keinerlei Verbindungen.

A: Das finde ich nicht!

F: Ich finde es aber. Ich war bei anderen UN-Konferenzen, da waren die Konferenz und das Forum viel näher zusammen.

A: Es ist aber doch viel besser hier untergebracht – hier gibt es viel mehr Platz für viel mehr Leute. Und Peking ist doch gar nicht weit weg.

F: Meine Kolleginnen und ich, wir sind in Peking in einem Hotel untergebracht und haben jeden Morgen und Abend zwei Stunden Fahrtzeit. Das sind schon sehr schlechte Arbeitsbedingungen.

A: Das verstehe ich. Aber wissen Sie, China ist ein Entwicklungsland und wir haben nicht so viele Hotels. Deswegen ist es doch viel besser hier. Wir Chinesinnen können hierher kommen oder sogar hier wohnen – ich beispielsweise wohne hier in Huairou in einem Hotel, ebenso wie meine amerikanische Freundin. Es ist ein ständiges Kommen und Gehen.

F: Auf jeden Fall leisten die chinesischen Freiwilligen eine großartige Arbeit.

A: O ja, es ist eine große Sache! All diese vielen Menschen zu betreuen, die so viele unterschiedliche Sprachen sprechen ... Mir beispielsweise fällt es schwer, mich auszudrücken, weil ich so viele Jahre lang kein Englisch gesprochen habe.

F: Aber Sie sprechen doch sehr gut Englisch! Abgesehen davon: ich habe auch Probleme mit dem Englischen, ich benutze die Sprache ja nur auf Reisen oder bei internationalen Konferenzen.

A: Dürfte ich Ihre Karte haben?

Das Gespräch endete mit der bereits erwähnten schwesterlich-mütterlichen Besorgnis der grauhaarigen Chinesin über die von der Sonne verursachte Rötung meiner Schultern. Die Frage, ob es sich bei den Chinesinnen, die das Forum besuchen, um unabhängige NGO-Vertreterinnen oder um Frauen aus regierungstreuen Gruppen handelte, trat für mich in diesem Moment in den Hintergrund. Klären konnte ich sie durch meine Interviews ohnehin nicht; dazu hätte es eine viel intensivere, vertrauensvollere Beziehung gebraucht. Der Versuch einer Annäherung und Verständigung war letztlich sicher wichtiger als das, was dabei an konkreten Informationen in Erfahrung gebracht werden konnte.

Der UN-Weltfrauengipfel: Regierungsmacht und Frauenpower

Kosmopolitische Konferenzkultur

Wie geht es bei einer Konferenz von 189 Staaten zum Thema „Frauen“ zu? Erste Antwort: höflicher und gelassener, als wir es von den Schaukämpfen, manchmal auch Schlammschlachten bundesdeutscher Politiker gewohnt sind. Zweite Antwort: weniger männerbündisch, als wir es vom Wechselspiel zwischen Regierung und Opposition in Deutschland her kennen. Wenn Helmut Kohl, Rudolf Scharping, Joschka Fischer und all die andern Herren debattieren, verbirgt sich hinter ihrer Rhetorik immer auch ein ganzes Stück schulterklopfende Kumpanei. Von solch einer Atmosphäre sind auch die Vereinten Nationen nicht ganz frei, selbst nicht bei einer Frauenkonferenz. Der professionell praktizierten Völkerverständigung der Vereinten Nationen, ihrer Unterorganisationen, der Regierungsmitglieder und Delegierten haftet immer auch etwas von jener Haltung an, die besagt: „Auch wenn wir uns vehement über diese oder jene Formulierung im Abschlußdokument streiten – ganz so ernst ist es nicht gemeint.“ Dennoch, der Vergleich hinkt: Die Hemdsärmeligkeit der bundesdeutschen Politikerszene erschiene in den Stätten internationaler Konferenzkultur hausbacken und deplaziert.

Das Beijing International Convention Center (BICC) atmete Weltläufigkeit. Das Konferenzgetriebe war geprägt von der dezenten, nüchternen Eleganz, die internationalen Konferenzzentren zu eigen ist, von geschäftiger, disziplinierter Regsamkeit rund um die Uhr und einer ebenso anhaltenden, nie versiegenden Kommunikation als Schmieröl dieses Getriebes. Alle waren zu beschäftigt, zu höflich, zu sehr der Sache verpflichtet, um überzogenen Selbstdarstellungen einzelner Raum zu geben. Die Reden der PolitikerInnen konnten auf großen Monitoren in den verschiedenen Stockwerken verfolgt werden; die Redezeit war limitiert, für ausuferndes Sich-In-Szene-Setzen auch hier kein Platz. Dem Ganzen haftete die Faszination eines Bienenstocks oder Ameisenbaus an, in dem jedes Einzelwesen seine Aufgabe kennt und in ihrer Erfüllung mit allen anderen kooperiert. Nur daß es hier keine Uniformität gab, sondern wiederum die Palette der Unterschiedlichkeiten von Menschen aus aller Welt.

Während einer Veranstaltung im Konferenzgebäude ergab sich die Gelegenheit, diese Unterschiedlichkeit an einem kleinen Ausschnitt zu studieren: Wegen eines Übersetzerproblems dauerte es eine halbe Stunde, bis die Ersten Damen dieser Welt ihre Aufmerksamkeit auf afrikanische Landfrauen richten konnten, wie es der Veranstaltungstitel verhieß. Während alle geduldig auf das Eintreffen der Dolmetscher warteten, betrachtete ich mir die First Ladies, die da versammelt waren. Es handelte sich größtenteils um Afrikanerinnen; nur Königin Fabiola repräsentierte Europa. Und die Ersten Damen im Publikum, woran ließ sich ihr Rang erkennen, der sie von den „normalsterblichen" NGOs unterschied? Sie waren afrikanisch bis westlich gekleidet. Das aber traf auf NGO-Vertreterinnen genauso zu. Bei näherem Hinsehen allerdings fiel mir die bestechende Schönheit ihrer Haarfrisuren auf. Fast alle Afrikanerinnen oder Frauen afrikanischen Ursprungs tragen heute – im Unterschied zum Afro-Look der siebziger Jahre – ihre Haare in Zöpfen, oftmals mit eingeflochtenen Perlen darin. Die First Ladies hatten diese Mode zu großer Eleganz verfeinert. Der Eleganz nämlich von hauchdünn geflochtenen Zöpfchen, die zu kunstvollen Gebilden – malerischen Knoten, hochgesteckten Locken, auf die Schultern herabfallenden Wellen, kinnlangen Pagenfrisuren – weiterverarbeitet waren.

Chief Bisi Ogunleye, streitbare Landfrauenrepräsentantin aus Nigeria, hatte sich der Mühe eines solchen Stylings nicht unterzogen. Auf ihrem Kopf thronte eine Mischung aus Kopftuch und Turban, während sie vom Podium herab eine flammende Rede hielt. Wortreich schilderte sie das Erstaunen der afrikanischen Landfrauen, die zum Erdgipfel nach Rio reisten und dort eine Menge Publikationen über Frauen in ländlichen Gebieten vorfanden: „Warum sprechen sie über uns, statt mit uns?" Dann redete

Chief Bisi den Zuhörerinnen eindringlich ins Gewissen: „Hört den Landfrauen zu, anstatt in Euren Räumen mit Klimaanlage zu sitzen! Sie haben keine Aircondition! Aber sie passen sehr gut auf, was ihr hier tut!“

Das war natürlich Rhetorik, denn die afrikanischen Landfrauen hatten zwar Vertreterinnen entsandt, für die große Masse jedoch waren die Flugkosten nach Beijing nicht bezahlbar. Insgesamt standen jedoch bei der Konferenz 4.000 NGO-Vertreterinnen 5.000 RegierungsvertreterInnen gegenüber – erstere fast ausschließlich, letztere vorwiegend weiblichen Geschlechts. Dabei existierte allerdings ein Drei-Klassen-System von NGOs: nämlich die professionellen Lobbyistinnen, die akkreditierten NGOs mit Zugang und die nicht-akkreditierten ohne Zugang, für die schließlich selbst der Treffpunkt unmittelbar neben dem Konferenzgelände geschlossen wurde. Damit riß die Verbindung zwischen den NGOs innerhalb des abgeriegelten Areals um das Beijing International Convention Center herum und Frauen ohne Zutrittsgenehmigung endgültig ab. Und schon vorher hatte die große Entfernung zwischen dem Forum und der Konferenz, die ein Hin- und Herpendeln auch für NGOs mit Zutrittsrecht sehr erschwerte, politisch negative Folgen gezeitigt: Nicht der Druck der Basis, sondern Professionalität im Lobbying entschied über den Grad der Einflußnahme auf das offizielle Geschehen.

Impressionen vom Lobbying

Lobby: Korridor, Vestibül oder Eingangshalle eines öffentlichen Gebäudes; eine Gruppe von Menschen, die versuchen, öffentliche und/oder politische Unterstützung für ein besonderes Anliegen oder bestimmtes Interesse zu gewinnen. Lobbying: die Lobby einer gesetzgebenden Kammer (oder der UN) aufsuchen zwecks Einflußnahme auf deren Mitglieder (oder Delegierte); durch Lobbying läßt sich ein Gesetzesentwurf (oder UN-Dokument) beeinflussen. So erklärte The Tribune, Zeitschrift des International

Women's Tribune Centre, in ihrer Ausgabe vom November 1994 den Begriff. Eine Reihe von Karikaturen gab zusätzlich Aufschluß darüber, wie Lobbyarbeit vonstatten gehen kann oder soll, wenn sie erfolgreich sein will. Auf der ersten Zeichnung war ein Tagungsraum der Vereinten Nationen zu sehen, der von einem UN-Sicherheitsmann breitbeinig versperrt wurde. Davor eine Ansammlung von Frauen in aller Welt, die in einer Sprechblase den Gedanken äußerten: „Man braucht da drinnen unseren Beitrag. Wir sollten uns also organisieren." Weitere Karikaturen zeigten die Frauen bei der Arbeit: beim gemeinsamen Erstellen von NGO-Vorschlägen für eine Überarbeitung des Plattformentwurfes, beim Verfassen eines täglichen Statements des Women's Caucus, und beim „Lobbyieren" von Delegierten für die NGO-Interessen: „Diskussionen können mit den Delegierten beim Kaffee/Tee geführt werden" (dazu rauchende Köpfe über dampfenden Tassen), „unterwegs" (eine VIP eilt zum Konferenzraum, eine NGO-Vertreterin im Laufschritt neben sich), „und/oder beim Stehen in der Lobby" (das dazugehörige Bildchen zeigte zwei Frauen ins Gespräch vertieft, ihre Saris wehten vor Eifer).

Solche Publikationen qualifizierten im Konferenzvorfeld die Frauen für die Anwendung von Lobbystrategien. Sie richteten sich allerdings eher an die noch Unerfahrenen. Die „Profis" unter den Lobbyistinnen beherrschten sowieso souverän das Terrain. Waren sie doch längst zu Medienstars geworden, die mehr Prominenz und Aufmerksamkeit genossen als manche unbekannte Regierungsvertreterin: Wenn Bella Abzug von WEDO in ihrem Rollstuhl, um den sich ihre jüngeren Mitstreiterinnen gruppierten, eine kurze Rast machte, war sie immer von einem Kordon aus Presse und NGO-Frauen umlagert. Die Chancen, mit Gita Sen, einer DAWN-Repräsentantin, die zugleich die indische Regierung berät, ein paar Worte zu wechseln, standen gleich Null. Medienwirksame Gesten einzusetzen, lernten allerdings auch die weniger Namhaften unter den NGO-Vertreterinnen schnell: Die kämpferische Pose einer jungen Afroamerikanerin vor einer Fernsehkamera zog sofort eine ganze Traube mikrofon- oder notizblockbewehrter Zuschauerinnen an. Und wenn Vertreterinnen des deutschen NRO-Frauenforums über das Konferenzgelände stapften oder sich zu Diskussionen auf dem Fußboden des BICC niederließen, war häufig ein Kamerateam dabei.

Eine Beobachtung im Konferenzzentrum

Am Ende einer langen Diskussion, in der der neue mächtige Chef der Weltbank, James Wolfensohn, für eine neue Form der Zusammenarbeit mit NROs geworben hatte, ergriff eine junge Frau aus Trinidad das Wort. „Mr. President", begann Hazel Madina, „Mr. President, ich möchte Ihnen ein Versprechen abnehmen. Ich bin eine Ihrer ‚struktur-angepaßten' jungen Frauen aus Trinidad und Tobago, und ich möchte mich gerne heute schon mit Ihnen für den letzten Tag Ihrer Amtszeit verabreden; dann können wir ja zusammen sehen, ob sich die Situation der Frauen und der Armen wirklich verändert hat. In Ihrer Kultur besiegelt man das – glaube ich – mit einem Handschlag." Dann ging sie nach vorne zum Podium und reichte James Wolfensohn die Hand.

Birgit Dederichs-Bain

Neben dem Medienrummel bedeutete das Lobbying harte, oftmals frustrierende Arbeit. Die Lobbyistinnen trabten mit Rucksäcken voller Papieren zu Koordinationstreffen mit den Regierungen, hefteten auf dem Fußboden der NGO-Lounge Erklärungen zusammen, harrten in den Korridoren aus, um Delegationsvertreter zu erwischen, oder präsentierten bei Pressekonferenzen ihre Sicht auf den Fortgang der Verhandlungen. Einige NGO-Vertreterinnen waren als Mitglied der offiziellen deutschen Delegation zugelassen (vom Deutschen Frauenrat, der Deutschen Welthungerhilfe und dem NRO-Frauenforum). Sie fanden sich morgens um Viertel vor acht vor der Fahrt ins Konferenzzentrum zur Delegationsbesprechung ein. Die hohe Kunst des Lobbyings als Mitglied der Delegation, d.h. mit privilegiertem Zugang zu den Verhandlungen um das Hauptdokument, die Aktionsplattform, setzte nicht nur hervorragende englische Sprachkenntnisse und eine profunde und zugleich detaillierte Kenntnis des Aktionsplattformentwurfes voraus, sondern auch die Gabe, zum richtigen Moment das richtige Regierungsmitglied mit konkreten Veränderungsvorschlägen gezielt zu bearbeiten.

Birgit Dederichs-Bain, die als Mitarbeiterin der Deutschen Welthungerhilfe Mitglied der deutschen Delegation war, beschrieb ihre Lobby-Erfahrung mit folgenden Worten: „Die Zusammenarbeit und das Klima zwischen Regierungs- und NRO-Vertreterinnen waren konstruktiv und im allgemeinen von gegenseitigem Verständnis geprägt. Allerdings führt es noch nicht so weit, daß der Rat von NROs bei relevanten Diskussionen, Streitpunkten, „Sackgassen“ *aktiv* gesucht wird. Eine partnerschaftlich partizipierende Rolle ist es deshalb nicht, und die konsultative verläuft in *eine* Richtung (one way street). So müssen sich die NROs darauf beschränken, die formulierten alternativen Textvorschläge zum richtigen Zeitpunkt an die richtige Regierungsadresse zu leiten, damit die jeweiligen RegierungsvertreterInnen, gegebenenfalls im Rahmen der EU-Abstimmung, darauf zurückgreifen können. Oder man/frau muß sie beim Frühstück, Mittagessen, im Bus, auf den Gängen ‚abfangen', und in der Hektik der Konferenzsituation im ‚Schnellredeverfahren' z.B. so ‚einfache' Themen wie die ‚Relevanz und Notwendigkeit innovativer Wege bei der multilateralen Entschuldung' verdeutlichen. Daß man/frau dabei einigen im Kreise der – oft schon entnervten – europäischen RegierungsvertreterInnen ganz schön auf dieselben geht, ist nicht zu vermeiden.“ Das lag nicht jeder Frau, auch wenn sie Delegationsmitglied war: „Es gibt nichts Unproduktiveres, als in einer Regierungsdelegation zu sein!“ stöhnte eine österreichische Feministin erschöpft.

Die Masse der von der UN zugelassenen NGO-Frauen stöhnte auch des öfteren, wenn auch aus anderen Gründen. Sie trafen sich im „Beijing Recreation Center“ – zehn Minuten vom Hauptkonferenzraum der Regierungen – zu täglichen themenbezogenen Caucussen, um die Strategien für die Lobbyarbeit auszuarbeiten. Das allerdings gestaltete sich schwierig, da die beiden Orte so unterschiedlichen Charakter hatten: Die Regierungen tagten hinter geschlossenen Türen, und selbst für die, die partiellen Zugang dazu hatten, war es schwierig, jeweils den Über- und Durchblick zum Stand der Verhandlungen zu haben. Ganz anders der Versammlungsraum im Beijing Recreation Center: Zwar mußte auch hier, wer hineinwollte, eine Ausweis- und Taschenkontrolle durchlaufen. Doch der Raum selbst wurde zu normalen Zeiten als Disco genutzt. Das verkündeten große silberne Buchstaben an der Decke. Ein Transparent wies auf die derzeitige Verwendung hin: „In Beijing we meet and to all corners of the world we bring back friendship" – „Wir treffen uns in Beijing und bringen von dort Freundschaft in alle Ecken der Welt." Unter diesem Spruchband fanden den ganzen Tag über Caucusse statt. Zu diesem Zweck gab es eine Bühne mit Mikrofon und Stuhlreihen. Dahinter im Halbdunkel saßen heftig diskutierende Gesprächsgruppen beisammen. Ganz im Hintergrund führten Türen mit Milchglasscheiben zu Nebenräumen, in denen die kleineren Caucusse sich trafen. Frauen hatten sich dort auf beigen Ledersofas oder im Schneidersitz auf weinrotem Teppichboden niedergelassen, manche lehnten auch an ornamentreichen Wandteppichen. Die Räume waren meistens überfüllt. Die Konfusion, die bei aller organisatorischer Disziplin manchesmal herrschte, mag folgender Zettel verdeutlichen, der an einer der Milchglastüren hing: „Die NGO-Umweltarbeitsgruppen sind im BICC. Möglicherweise in der NGO-Lounge, dritter Stock. Oder im Café nahe der Aufzüge bei Halle 15 und 16. Oder sogar in Halle 15 oder 16. Tut uns leid!"

Ein etwas größerer Nebenraum bot die Möglichkeit für NGO-Pressekonferenzen. Bei einer Pressekonferenz des Umwelt-Caucus sprachen Frauen aus der pazifischen Region über den Horror der „Jelly Fish Babies", nicht lebensfähigen menschlichen Mißgeburten aufgrund nuklearer Verseuchung. Der Begriff „Jelly Fish Babies" veranlaßte einen ignoranten deutschen Pressevertreter, der kurz seinen Kopf in den Caucus steckte, zu der Bemerkung: „Die spinnen doch, die Frauen! Nun haben sie ihre Weltfrauenkonferenz und worüber reden sie? Über Fisch!" Ignoranz schlug auch den Anliegen der Lesben entgegen, die als Personen große Aufmerksamkeit auf sich zogen, da die Frage der „sexuellen Orientierung" zu den heftig diskutiertesten der Konferenz gehörte. „Wir sind glücklich über die Fortschritte, die wir hier erzielen konnten", stellte eine lesbische Frau zu Beginn der Pressekonferenz fest, „sehen aber nicht ein, warum wir noch eine Dekade warten sollen, bis unsere Rechte und unsere Lebensform anerkannt werden!" Der Grund dafür wurde allerdings bei den anschließenden Fragen der PressevertreterInnen deutlich: Immer wieder mußten die anwesenden Lesben, wie die Araberin Dalilah, die aus Angst vor Fundamentalisten ihren vollständigen Namen verschwieg, auf Fragen antworten wie: „Wie kann eine Frau mit einer Frau leben?" „Wie findet eine Frau heraus, daß sie lesbisch ist?" Über das Konzept unterschiedlicher sexueller Orientierungen und Lebensstile bestand offensichtlich ein großer Aufklärungsbedarf. Oder war es Voyeurismus, der zu diesen Fragen antrieb?

Das Geschehen im Beijing Recreation Center löste sich von der offiziellen Konferenz mehr und mehr ab. Denn bald schon verzweifelten unter den gegebenen Bedingungen viele am Unterfangen der Lobbyarbeit und formulierten statt dessen eigene Statements mit grundsätzlichen Stellungnahmen zu den grundlegenden Problemen der Welt – nicht zuletzt immer wieder zu Armut und den sie verursachenden wirtschaftlichen Strukturen, die sie in der Plattform der offiziellen Konferenz unzulänglich bis gar nicht benannt sahen. Allerdings traten hier auch Probleme der NGOs selbst zutage: An einer „Alternativen Erklärung" aller NGOs wurde tagelang herumgefeilt, der Textentwurf immer wieder umgestoßen, nicht zuletzt auch aufgrund der hier nun aufbrechenden Differenzen zwischen Süd- und Nord-NGOs. Das Statement sei nicht alternativ, sondern gegen den Süden gerichtet – ein rassistisches Dokument, das marginalisierte Frauen unsichtbar mache, sagte Sarah Callaway, Vertreterin einer Organisation der Women of Color.

Aber es gab auch Kooperation über nationale und ethnische Grenzen hinweg. Besonders aktiv – in den Korridoren der offiziellen Konferenz wie auch bei den Treffen im Beijing Recreation Center – war das „International Women Count Network." Dieses Netzwerk, in dem schwarze und weiße Frauen, Frauen des Südens und indigene Frauen zusammenarbeiten, hatte bei der Konferenz eine großangelegte Lobbyoffensive gestartet, mit dem Ziel, das Ausmaß unbezahlte Frauenarbeit aufzuzeigen und ihr Wert zuzumessen. Eine in Nordamerika lebende Indianerin, die ich befragte – eine alleinerziehende Mutter, nach den herrschenden Maßstäben arm, nicht schön und ohne Chancen –, erklärte mir, wie wichtig gerade der Aspekt der Wertschätzung sei: Die damit verbundene Anerkennung würde das Selbstbewußtsein von Frauen stärken, egal ob in der Familie, bei der Arbeitssuche oder am (außerhäuslichen) Arbeitsplatz. Das würde sich letztlich auch auf die monetäre Seite – den Lohn – auswirken. Die „Frauen zählen"-Kampagne war ein lebender Beweis für diese These: Das Selbstbewußtsein und die Zähigkeit, mit der die Frauen ihr Anliegen allenortes präsentierten, wurde belohnt. Die Sprache sei zwar alles andere als elegant, der Inhalt jedoch passabel, beurteilte eine Sprecherin des „International Women Count Network" den an einem der letzten Tage ausgehandelten Kompromiß (dessen Inhalte im nächsten Abschnitt dargestellt werden) und schwor die NGO-Frauen darauf ein, die erzielten Formulierungen durch eine letzte Lobbyanstrengung zu „halten". Was auch gelang.

Und was taten die Tausende von offiziellen Delegierten? Manche gingen natürlich auch einkaufen oder besichtigten die Stadt. Hauptsächlich jedoch feilschten sie in geschlossenen Untergruppen um die Inhalte des Aktionsprogramms von Beijing, dessen Text nach der letzten Vorkonferenz im März 1995 in New York noch zu 40 Prozent offenstand. Der Verhandlungsmarathon ging allen an die Substanz, auch den Mitgliedern der Regierungsdelegation: „Wir kamen nie vor 23 Uhr aus dem Gebäude raus", berichtete Friederike Kirner, Referentin im Bundesministerium für Familie, Senioren, Frauen und Jugend (BMFSFJ), hinterher. „Und am letzten Tag wurde es 4 Uhr 45!"

Für „Außenstehende", die die jüngere UN-Konferenzgeschichte nicht mitverfolgt hatten – manche Journalisten beispielsweise –, war dieser Vorgang alles andere als mitreißend, sie fanden die Verhandlungen nervtötend und konnten die Spannung, mit der deren Ergebnisse von vielen Teilnehmerinnen erwartet wurden, nicht begreifen. Für „Eingeweihte" jedoch, die die Entwicklung der Aktionspläne verschiedener UN-Gipfel – insbesondere der Weltmenschenrechtskonferenz in Wien 1993, der Weltbevölkerungskonferenz in Kairo 1994 und des Weltsozialgipfels in Kopenhagen 1995 – mitverfolgt hatten, stellte sich die Sache anders dar. Nuancierungen in Begriffen und Formulierungen hielten sie so in Atem wie andere Leute die Schwankungen von Börsenkursen oder ein Kriminalroman. Denn in der Geschichte der Vereinten Nationen waren die Abschlußdokumente nicht nur heiß umkämpftes Terrain, auf dem die Vorstellungen von Regierungen und Nichtregierungsorganisationen aufeinandertrafen – sie waren und sind zugleich ein Fortsetzungsroman, in dem die ausgefochtenen Ergebnisse immer wieder festgeschrieben werden. Gegen alle Widerstände und neu auftretenden Konflikte, die das Erreichte bedrohten.

Verhandlungsverlauf und Ergebnisse: die Aktionsplattform

Der erste Konflikt, von dem im Vorfeld befürchtet wurde, er könne den Verhandlungsverlauf dieser vierten Weltfrauenkonferenz erschüttern, war schnell vom Tisch. Bei der Vorbereitungskonferenz im März in New York hatte die Frauenrechtskommission – mit der Vorbereitung der Konferenz beauftragt – eine informelle Kontaktgruppe zum damals heftig umstrittenen „Gender"-Begriff eingerichtet. Die Gruppe kam zu dem Ergebnis, daß „Gender" (soziales Geschlecht) bei einer Reihe weiterer UN-Konferenzen in einer allgemein akzeptierten Bedeutung verwendet worden sei. Die Beijing-Konferenz strebe keine Veränderung der bis dahin gebräuchlichen Definition an. Einer solchen Festlegung des Begriffsinhalts von „Gender" stimmte auch der Vatikan, der vorher mit diesem Begriff der Homosexualität und Transsexualität Tür und Tor geöffnet sah, zu – auch wenn er zum Schluß der Aktionsplattform noch hinzufügen ließ, daß „Gender" nur „weiblich" und „männlich" meint.

Überhaupt verhielt der Vatikan sich wider Erwarten zurückhaltend, machte sich für Frauenförderung und Familie stark, torpedierte aber – bis auf Vorbehalte bei der Annahme des Schlußdokuments – nicht das Verhandlungsgeschehen. EU-Beobachter erklärten dies aus dem Bemühen des Heiligen Stuhls, diesmal den Eindruck einer Allianz mit fundamentalistischen islamischen Staaten zu vermeiden, der bei der Kairoer Weltbevölkerungskonferenz entstanden war. Damit verlor der Gipfel in Beijing einen medienwirksamen „Buh-Mann" und die westlichen Staaten einen Gegenspieler auf dem internationalen Parkett. Für eine Profilierung des Westens gegenüber „reaktionären", „frauenfeindlichen" Kräften in der Welt blieb dennoch genügend Zündstoff. Einige kontroverse Themen ließen bis zum letzten Moment befürchten, die Konferenz werde nicht termingemäß am 15. September zu Ende gehen – auch wenn die Delegierten ihre Flugtickets schon in der Tasche hatten, was für die Einhaltung des vorgesehenen Zeitplans sprach. Zunächst einmal richtete sich die Aufmerksamkeit jedoch nicht auf neue Konfliktfelder, sondern auf die Bewahrung der von und für Frauen in der jüngeren UN-Geschichte erzielten Erfolge.

Zum Konferenzauftakt machte eine Riege von UN-Frauen in Führungspositionen deutlich, daß Beijing keinesfalls hinter die Ergebnisse von Wien, Kairo, Kopenhagen zurückfallen dürfe. So wies beispielsweise Radhika Coomaraswamy, die nach der Wiener Menschenrechtskonferenz ernannte UN-Sonderberichterstatterin zum Thema Gewalt gegen Frauen, darauf hin, daß das Thema „Gewalt gegen Frauen als Menschenrechtsverletzung" ein „Newcomer" sei, neu in der Menschenrechtsdefinition der internationalen Gemeinschaft. Deswegen müsse es von der Beijing-Plattform unbedingt bestätigt werden. Was auch gelang – das Dokument verurteilt eindeutig Gewalt gegen Frauen in allen Bereichen – öffentlich und privat. Und auch die Sprachregelung der Kairoer Weltbevölkerungskonferenz (ICPD) über die reproduktive Gesundheit und die reproduktiven Rechte von Frauen konnte bestätigt werden.

Deren Kernsätze lauten wie folgt: „Reproduktive Gesundheit ist ein Zustand von vollständigem physischen, mentalen und sozialen Wohlbefinden und nicht einfach die Abwesenheit von Krankheit oder Leiden – in allen Fragen, die mit dem Fortpflanzungssystem, seinen Funktionen und Prozessen zu tun haben. Reproduktive Gesundheit impliziert deshalb, daß die Menschen in der Lage sind, ein befriedigendes und sicheres Sexualleben zu führen, daß sie die Möglichkeit haben, sich fortzupflanzen, und daß sie die Freiheit haben, zu entscheiden, ob, wann und wie oft sie das tun möchten. Diese letzte Bedingung beinhaltet den Zugang zu sicheren, erschwinglichen und akzeptablen Methoden der Familienplanung nach ihrer Wahl, ebenso wie andere Methoden ihrer Wahl zur Regulierung von Fruchtbarkeit, die nicht gegen das Gesetz sind." (Abschlußdokument von Peking, Paragraph 96)

Der befürchtete Rückschritt blieb zwar aus, doch sehr viel über Wien und Kairo gingen die Ergebnisse von Beijing nicht hinaus. Eine dezente Weiterentwicklung des Aktionsplans der Weltbevölkerungskonferenz liegt in einem Zusatz, der auf eine Überprüfung von Gesetzen hinwirken soll. Und zwar von Gesetzen, welche Strafmaßnahmen für Frauen vorsehen, die abgetrieben haben. Als Fortschritt wurde vor allem aber von vielen Seiten eine mühsam erzielte Übereinkunft über das sexuelle Selbstbestimmungsrecht von Frauen gewertet. In Paragraph 96 der Beijing-Aktionsplattform heißt es dazu: „Die Menschenrechte von Frauen schließen ihr Recht ein, über Fragen, die mit ihrer Sexualität zusammenhängen, Kontrolle auszuüben und frei und verantwortlich zu entscheiden. Das umfaßt auch sexuelle und reproduktive Gesundheit und beinhaltet die Freiheit von Zwang, Diskriminierung und Gewalt. Gleichberechtigte Beziehungen zwischen Frauen und Männern in Fragen der Sexualität und der Fortpflanzung, getragen vom vollen Respekt für die Integrität der Person, erfordern gegenseitigen Respekt, Übereinstimmung sowie geteilte Verantwortlichkeit für sexuelles Verhalten und dessen Konsequenzen." Dieser Passus bedeutet in der Logik der Konferenzdiplomatie einen wichtigen Schritt hin zum in Kairo abgeschmetterten Konzept der „sexuellen Rechte" von Frauen, auch wenn diese Formulierung als solche für das Pekinger Abschlußdokument nicht durchgesetzt werden konnte.

Auf der einen Seite die Festschreibung von Rechten, die Frauen stärken, auf der anderen Seite die Macht von Religion, Kultur und Familie – in diesem Spannungsfeld bewegten sich dann doch die Konfliktlinien der Konferenz, auch wenn der „Gegenpol“ zu den westlichen Staaten diesmal in einigen islamischen Staaten bestand. Betont wurde schließlich die große Bedeutung der Religion für Familie und Gesellschaft, zugleich spricht sich das Dokument jedoch für Religionsfreiheit aus. Religiöser wie auch anti-religiöser Extremismus werden in einer Reihe mit sexuellem Mißbrauch, sexueller Ausbeutung und Versklavung, Pornografie und ethnischen Säuberungen verurteilt. Zur Rolle der Familie wurde nach längeren Debatten die Konsensformel gefunden, daß sie die Grundeinheit der Gesellschaft darstellt, jedoch in unterschiedlichen Formen existieren kann.

Eine „harte Auseinandersetzung“ (so ein deutscher EU-Vertreter) gab es in der Frage des Erbrechts für Mädchen, in dem islamische Länder einen Verstoß gegen den Koran sahen. Diese Auffassung konnten sie allerdings nicht durchsetzen. Ein im Konferenzzyklus neu auftretender Konfliktpunkt lag in der Frage von Elternrechten versus Kinderrechten (hier insbesondere des „girl-child“, des heranwachsenden Mädchens). Während westliche Staaten befürchteten, Eltern könnten ihre Macht mißbrauchen, sahen islamische VertreterInnen in der Formulierung von Kinderrechten eine Bedrohung der Familie. In das Schlußdokument wurden schließlich sowohl Eltern- als auch Kinderrechte hineingeschrieben.

In der Auseinandersetzung um „equity“ (Gerechtigkeit) und „equality“ (Gleichberechtigung) behauptete sich die westliche Gleichberechtigungs-Position. Fundamentalistisch-islamische, aber auch katholische Vertreter hatten „equity“ bevorzugt. Ihre Vorstellung dabei war, daß Gerechtigkeit zwischen den Geschlechtern eine göttliche Fügung sei, Mann und Frau einander als Geschöpfe Gottes ergänzten.

Zu den „heißen" Fragen, die bis zum Schluß für Spannung sorgten, gehörten insbesondere die Universalität der Menschenrechte und die sexuelle Orientierung. Im Menschenrechtskapitel wurde nach längeren Auseinandersetzungen der Begriff „universell" gestrichen, da nach Ansichten von Frauenorganisationen wie auch der EU dieser Zusatz die Allgemeingültigkeit der Menschenrechte eher einschränkt bzw. Raum geben würde für mögliche Differenzierungen. Islamische Staaten bekämpften geschlossen und vehement die Benutzung des Begriffs „sexual orientation" – mit dem Ergebnis, daß Passagen über die Diskriminierung unterschiedlicher sexueller Orientierungen und Lebensstile ersatzlos gestrichen wurden.

Während die EU sich in all diesen Fragen als progressive Streiterin für Frauenrechte präsentieren konnte, bissen die Frauen dort, wo EU-Interessen empfindlich tangiert waren, auf Granit. Das galt vor allem für die Ressourcenfrage: Der Wunsch nach zusätzlichen Ressourcen für die Umsetzung der Aktionsplattform wurde von der EU-Koordination abgeblockt. Auch die von einer Reihe von Staaten gemachten „Commitments" wurden auf Betreiben der EU nicht als Annex an die Plattform angehängt. Bei diesen „Commitments" handelte es sich um spezifische Versprechen, die knapp die Hälfte der Regierungen aufgrund des Drucks der NGOs, diesmal Worte in Taten zu verwandeln und „Beijing nach Hause zu bringen", gemacht hatten – Versprechen finanzieller Art, Versprechen, diskriminierende Gesetze zu überprüfen, Versprechen, neue Gesundheitsprogramme speziell für indigene Frauen einzurichten, und dergleichen mehr. Es oblag allerdings den NGOs, akribisch alle Reden durchzukämmen, alles herauszufiltern, was sich nach staatlicher Selbstverpflichtung anhörte, und die so erstellte Liste der Commitments öffentlich zu machen.

Bundesministerin Claudia Nolte, die die deutsche Delegation leitete, verpflichtete sich in ihrer Rede vor dem Plenum der vierten Weltfrauenkonferenz, in den Jahren 1996 bis 2000 40 Millionen US-Dollar im Rahmen der bilateralen Entwicklungszusammenarbeit „für Vorhaben in den Bereichen Rechtsberatung und sozialpolitische Beratung unter besonderer Berücksichtigung der Interessen und Bedürfnisse von Frauen in Entwicklungsländern" zur Verfügung zu stellen. Und Cristina Alberdi, Ministerin für soziale Angelegenheiten in Spanien, äußerte in ihrer Rede im Namen der EU: „Als weltweit größter Geber öffentlicher Entwicklungshilfe ist die EU der Ansicht, daß geschlechtsbewußte Entwicklungszusammenarbeit eine Schlüsselstrategie darstellt, die mit der größten Entschlossenheit angewendet werden muß." Angewendet werden soll – darin war die EU sich einig – diese Schlüsselstrategie jedoch durch eine Umschichtung der Gelder für soziale Belange unter besonderer Berücksichtigung der „Gender-Issue", nicht etwa durch eine Erhöhung der Entwicklungshilfe.

Unterm Strich können die Frauen der Welt zwar nach dieser Konferenz eine – zumindest in einigen wesentlichen Fragen – fortschrittliche Rhetorik verbuchen, müssen in bezug auf die Umsetzung jedoch einer ungewissen oder eher düsteren Zukunft entgegenblicken. Langwierige und kräftezehrende Kämpfe mit männerdominierten Institutionen um die Realisierung der versprochenen Mittelumschichtung zugunsten von Frauen sind absehbar. Das jedoch ist nicht der einzige Kritikpunkt.

Die Rüstungs-, chemische und Atomindustrie saßen in Beijing mit am Verhandlungstisch und verhinderten, daß die PolitikerInnen klare Aussagen über ein Verbot von Anti-Personenminen unterschreiben oder sich klar gegen die Produktion von Giftmüll und von Atom- und Massenvernichtungswaffen aussprechen konnten. Die aber am meisten unter der Vergiftung der Umwelt und den Kriegsfolgen zu leiden haben, sind Frauen. Sie sind auch die Hauptleidtragenden von Strukturanpassungsmaßnahmen und Armut. Wer wird kontrollieren, ob Strukturanpassungsprogramme, wie in Beijing beschlossen, so geplant werden, daß sie nicht, wie bisher, negative Auswirkungen auf Frauen haben? Wer will garantieren, daß die bei Schuldenerlassen „freiwerdenden" Gelder (sofern überhaupt welche freiwerden) für soziale Belange und insbesondere für Frauen verwendet werden? Eine Ursachenanalyse für die fortschreitende Feminisierung der Armut fehlt in dem Dokument; daß es die Bedeutung der Frau innerhalb des bestehenden Marktmodells und bei der Überwindung von Massenarmut herausstellt, kann deswegen nur als Instrumentalisierung von Frauen bezeichnet werden. Frauen werden als Entwicklungsressource für die Marktwirtschaft betrachtet und als diejenigen, die in der Krise das Überleben sichern. An der Grundtatsache, daß im bestehenden Weltwirtschaftsmodell Armut ein weibliches Gesicht hat, ändert das jedoch nichts. Unterbleibt am Punkt „Armut“ die Benennung zugrundeliegender Verhältnisse und Strukturen, so fehlt schließlich eine Auseinandersetzung mit Rassismus und Migration gänzlich; diese Begrifflichkeiten tauchen nur ganz am Rande auf, hauptsächlich in den Aufzählungen von „Faktoren“, die Frauen ganz besonders diskriminieren und verwundbar machen.

Einen Lichtblick immerhin stellt der Erfolg der „Women Count“-Kampagne dar. Tatsächlich fordert das Beijing-Dokument nun Staaten auf, in Zusatzberechnungen zur Volkswirtschaft (satellite accounts) die bezahlte wie auch die unbezahlte Arbeit von Frauen zu erfassen – sei es bei ländlicher Nahrungsmittelproduktion für den eigenen Bedarf, in Weltmarktfabriken oder in der Familie. Die internationale geschlechtsspezifische Arbeitsteilung – eine der Grundfesten des bestehenden Weltwirtschaftssystems – könnte ins Wanken geraten, würde Frauenarbeit tatsächlich gerecht bewertet und bezahlt. Bis dahin allerdings ist es noch ein weiter Weg: Auch das Abschlußdokument der dritten Weltfrauenkonferenz in Nairobi enthielt bereits die Forderung nach ökonomischer Wertschätzung der Subsistenzarbeit. Diese Forderung hat sich in Beijing konkretisiert, eine tatsächliche Erhebung über Wert und Umfang der Frauenarbeit wird jedoch nur dann gemacht werden, wenn der politische Druck anhält.

Das gilt für die gesamte Aktionsplattform von Peking: Sie ist nur so gut wie ihre Umsetzung. Die aber wird – das zeigen die Erfahrungen vorangegangener UN- und Weltfrauenkonferenzen – zäh erkämpft werden müssen. In Zeiten der ökonomischen Krise, der Besitzstandswahrung und des politischen Konservatismus werden die Frauen der Welt noch einen langen Atem brauchen, um durch internationale und nationale Mobilisierungen Formulierungen auf dem Papier Wirklichkeit werden zu lassen. Die Aktionsplattform von Beijing, um deren Wortlaut Frauen aus so vielen Ländern gerungen haben, ist ein Rüstzeug auf dem Weg in die Zukunft. Ohne eine tieferliegende Auseinandersetzung mit der Globalisierung des herrschenden Wirtschafts- und Gesellschaftsmodells jedoch (die im Pekinger Abschlußdokument lediglich erwähnt wird) und ohne die Entwicklung von Alternativen wären die UN-Konferenzen perspektivlos. Der wichtigste Erfolg der Weltfrauenkonferenz bestand also darin, Kristallisationspunkt der internationalen Frauenbewegung zu sein und deren Fragestellungen und Diskurse zusammenzuführen. Das allerdings passierte bei dem NGO-Forum, in den vernetzten Vorbereitungsprozessen, bei der Lobbyarbeit – und nicht im Verhandlungssaal der Regierungskonferenz.

Eine NRO-Teilnehmerin malt ein Transparent

Teil II: Über Beijing hinaus

Perspektivwechsel. Frauen und Globalisierung

Globalisierung: Wer definiert sie wie?

Globalisierung – der Begriff klingt abstrakt. Trotzdem ist er zum Modewort geworden, von Wirtschaftsredakteuren ebenso gerne benutzt wie von Managern und Sozialwissenschaftlern. Aber auch in der Debatte vor Beijing spielte er eine wichtige Rolle, sowohl in den UN-Dokumenten als auch in NGO-Papieren. Und schließlich war Globalisierung bei dem Forum '95 und der UN-Konferenz ein zentraler Begriff für die Frauenorganisationen. Was verbirgt sich dahinter? Meint ein Vertreter der deutschen Industrie damit dasselbe wie ein kritischer Intellektueller oder eine Feministin aus Lateinamerika? Sie alle verwenden den Begriff, um die globale ökonomische, politische, gesellschaftliche Entwicklung der letzten Jahre zu benennen. Aber womit zu benennen? Mit einer klar umrissenen wissenschaftlichen Kategorie? Einem Schlagwort? Vielleicht verdankt der Begriff seine Karriere der Tatsache, daß er so abstrakt ist. Das läßt ihn analytisch und wichtig klingen und eröffnet zugleich großen Spielraum für Interpretationen. Denn bei genauerem Hinsehen variiert die Betrachtungsperspektive: je nachdem beispielsweise, ob man zu den Globalisierungsgewinnern oder den Globalisierungsverlierern gehört. Globalisierung kann ein Zauberwort sein oder auch ein Horrorszenario.

Für die deutsche Wirtschaft ist Globalisierung ein „Sesam-Öffne-Dich". Denn für sie bedeutet der Begriff zunächst einmal: Erschließung, richtiger gesagt: Eroberung neuer Märkte. Nach Einschätzung aller Experten liegen die wirklichen Wachstumsmärkte in Südostasien. Ökonomische Chancen in Asien nutzen – das meint nicht nur eine Steigerung der Marktanteile auf den asiatischen Märkten, sondern auch, „die Dynamik dieser Märkte mitzuprägen und an ihr zu partizipieren", wie es der Siemens-Chef Heinrich von Pierer im Wirtschaftsteil der Frankfurter Allgemeinen Zeitung formulierte. Nicht nur soll „lokale Wertschöpfung" aufgebaut werden, es geht auch um Know-how-Transfer. Und es ist eine neue Ausrichtung der westlichen Unternehmen zu beobachten. Für jede Unternehmensfunktion wird ein optimaler Standort ausgemacht, diese zugleich in das Gesamtsystem des Unternehmensnetzwerkes integriert. Welche Region der Welt oder eines Landes optimal ist, bemißt sich nach Kosten-Nutzen-Gesichtspunkten: Die jeweiligen Vorteile der verschiedenen Standorte rund um den Globus werden zu „Wertschöpfungsverbänden" verknüpft. Vorbei die Zeiten, als die Macht der „Multis" angeprangert wurde – „Global players" heißen diese heute, das klingt elegant und weltläufig, und die Welt ist ja auch die Bühne, auf der sie spielen, als Hauptakteure in einem Stück genannt „Globalisierung".

Die Weltbühne der Globalisierungsprozesse – globale Märkte, globale Produktion, weltumspannende Informations- und Kommunikationstechnologien, transnationale Verkehrs- und Energieinfrastrukturen, weltweite Kreisläufe, Ströme, Diskurse, Mobilität – liefert Wissenschaftlern Stoff zum Forschen, Analysieren, Kommentieren. Es handelt sich um eine bestimmte Gruppe von Menschen, die definieren und im öffentlichen Bewußtsein festlegen, was unter ‚Globalisierung' zu verstehen ist. Diese Gruppe eint, daß sie männlich und weiß ist und daß sie über genügend Macht verfügt, um sich mit der Entwicklung des Wirtschafts- und Gesellschaftssystems zu befassen und sich dazu zu äußern. Der gesellschaftliche Diskurs über die Globalisierung wird nicht von Frauen geprägt. Ausnahmen bestätigen die Regel: Vor Beijing druckte die Frankfurter Rundschau das Memorandum des NRO-Frauenforums zur Weltfrauenkonferenz ab, in dem die Globalisierung mit kritischen Worten beschrieben wurde.

Weltweit setzt sich ein Wirtschaftsmodell durch, in dem sich die Kräfte des Marktes ohne staatliche Regulierung frei entfalten können. Die Wirtschaft wird in einem nie gekannten Maße globalisiert. Grenzen werden für Produkt-, Finanz- und Informationsmärkte geöffnet. Das Waren- und Informationsangebot, aber auch die Arbeitsstrukturen gleichen sich einander an. Internationale

Institutionen wie die Weltbank und die Welthandelsorganisation, aber auch transnationale Konzerne gewinnen immer mehr Bedeutung. Wegbereitend für die Durchsetzung des „freien Marktes" findet ein ökonomischer Strukturwandel statt: im Süden ist es die Privatisierung, im Norden „Wachstum ohne Jobs". Überall kürzen die Regierungen ihre Mittel für Soziales und verlagern gesellschaftliche Aufgaben wie Kinderbetreuung, Kranken- und Altenpflege in die privaten Haushalte. Dabei führt die Ungleichverteilung von Macht und Ressourcen immer häufiger zu blutigen Kämpfen, oft im Gewand ethnischer, nationalistischer oder religiöser Konflikte. (...) Das herrschende Wirtschaftsmodell basiert auf Ungleichheit, auf Ungleichheit zwischen den sozialen Klassen, zwischen Ländern und Kontinenten, aber auch zwischen den Geschlechtern. Es produziert auf der einen Seite Wohlstand und Warenfülle, auf der anderen Armut. In vielen Ländern hat sich erwiesen, daß Wirtschaftswachstum keine hinreichende Bedingung ist, um Armut zu beseitigen. Im Gegenteil: sie wächst, und zwar weltweit. Längst haben wir Armut und Unterentwicklung – den Süden im Norden, so wie es den Norden im Süden gibt.

Auszug aus dem Memorandum des NRO-Frauenforums

In Huairou und Beijing dagegen war die Globalisierung Thema der Frauen, und das beileibe nicht nur bzw. am wenigsten für die Frauen des Nordens. Sie wurde dort zum Begriff der Frauen, die keine weiße Hautfarbe haben, die nicht dem Norden zugehören, die nicht über die mit dessen Wirtschaft und Gesellschaft verbundene Definitionsmacht verfügen. Auch wenn der Begriff von Wissenschaftlerinnen, Theoretikerinnen, Politikerinnen des Südens gebraucht wurde – Ausgangspunkt der Betrachtung waren für sie immer die Erfahrungen der Armen, der Marginalisierten, der Minderheiten, der indigenen Völker, der Grassroot-Organisationen. Diese waren präsent in den Analysen, aber auch selbst anwesend, Subjekte, die sich selbst artikulierten. Und auch sie sprachen von Globalisierung. „Durch die Augen der Frauen sehen", wie das Motto des NGO-Forums lautete, meinte also: einen Perspektivwechsel, von der dominanten Perspektive (weiß, westlich, männlich) hin zu der der Frauen.

Und es hieß vor und während der Weltfrauenkonferenz: Mit den Augen der *vielen* Frauen sehen. ‚Globalisierung' wurde von zahlreichen Frauenorganisationen als Überbegriff, als Klammer benutzt, mit der zum Teil recht unterschiedliche Akzentsetzungen zusammengehalten wurden. Denn es ist ein Unterschied, ob eine Frau aus Nordamerika, eine Afrikanerin oder die Vertreterin eines Indianervolkes über die ökonomische und politische Entwicklung in der Welt spricht. Hinter den unterschiedlichen Akzentsetzungen verbergen sich die Erfahrungen lebendiger Menschen: die der Europäerinnen und Nordamerikanerinnen beispielsweise, die wissen, daß Waren und Geld nicht glücklich machen; die der Asiatinnen und Lateinamerikanerinnen, die den Zusammenhang von Ressourcenausplünderung, Naturzerstörung und dem Sterben der Menschen am eigenen Leib erlebt haben; die der Afrikanerinnen, die unter den Auswirkungen von Strukturanpassungsprogrammen leiden.

Die Perspektiven, unter denen die Globalisierung diskutiert wird – sie sind so vielfältig wie die Diskutantinnen selbst. Deren thematische und regionale Prioritäten – begründet in der Besonderheit der Unterdrückung, die sie als Gruppe eint – lassen sich wie Mosaiksteine zusammensetzen zu einem Bild der Welt, das den Begriff ‚Globalisierung' herausholt aus Abstraktion und Eindimensionalität. Eine tragfähige gemeinsame Perspektive kann letztlich nur aus der Verschränkung der vielen unterschiedlichen Wahrnehmungsweisen entstehen, nicht aus der Ausblendung oder Einebnung regional bedeutsamer Aspekte. Sie entsteht aus den Empfindungen, Erfahrungen, Erfordernissen der von der Globalisierung Betroffenen und fordert das herrschende Entwicklungsmodell heraus.

Der Perspektivwechsel, die vielen Perspektivwechsel kamen hier nicht an. Die westlichen Medienvertreterinnen, nicht daran gewohnt, daß Frauen das große Thema Globalisierung zu dem ihren machen, griffen diese Impulse in Huairou nicht auf. Verlassen wir deswegen jetzt den dominanten Blick auf die Weltentwicklung, und wenden wir uns den Auswirkungen der Globalisierung auf Frauen und den Sichtweisen von Frauen auf die Globalisierung zu.

Frauen in der globalen Ökonomie: ein Basisdokument für die Weltfrauenkonferenz

Wurden in den westlichen Ländern Frauen in die Globalisierungs-Diskussion meist nicht einbezogen, so gibt es auf internationaler Ebene zumindest Ansätze dazu – wenn diese auch nicht den „mainstream" der Wirtschafts- und Politikdebatten darstellen. Ein Basisdokument für die vierte Weltfrauenkonferenz lenkte den Blick auf die Rolle und Bedeutung von Frauen in der und für die Weltwirtschaft. Benutzt wurde dabei ein Begriff, der nüchterner, vielleicht auch seröser klingt als ‚Globalisierung': nämlich „global economic restructuring". Die Vereinten Nationen fassen mit „globale wirtschaftliche Restrukturierung" turbulente ökonomisch-politische Veränderungen, denen kontinuierliche, vielschichtige Prozesse auf vielfältigen Ebenen zugrunde liegen (United Nations 1995). Veränderungen auf nationalem und internationalem Level wirken zusammen: Nationale Ökonomien restrukturieren sich, um sich an neue internationale Gegebenheiten anzupassen, und beschleunigen dadurch den globalen Wandel. Dieser ist damit das Resultat sowohl von heimischer Politik als auch von Langzeittrends in der internationalen Ökonomie. Neben oder vielmehr Hand in Hand mit der Globalisierung von Märkten und Produktion und der Liberalisierung des Handels spielten in den letzten zehn Jahren technologischer Wandel, der Übergang zu Marktwirtschaften und Strukturanpassungsprogramme eine bedeutsame Rolle. Und die Kombination dieser Prozesse hat beträchtliche Auswirkungen auf das Leben der Frauen auf diesem Globus.

Zu dieser Sicht gelangten die Vereinten Nationen im „1994 World Survey on the Role of Women in Development", der Anfang des Jahres 1995 erschien. Dabei handelt es sich um einen durch umfangreiches Datenmaterial der Women's Indicators and Statistics Data Base (WISTAT) untermauerten geschlechtsspezifischen Report über Entwicklung. Mitgewirkt haben an ihm sowohl das Sekretariat der Vereinten Nationen als auch unterschiedliche UN-Agenturen – darunter die Division for the Advancement for Women, die International Labour Organization (ILO), die Food and Agriculture Organization (FAO), die United Nations Educational, Scientific and Cultural Organization (UNESCO), das International Research and Training Institute for the Advancement of Women (INSTRAW) und das International Trade Centre (ITC). Der für die Weltfrauenkonferenz erstellte, über hundert Seiten starke Survey steht unter dem Motto: Frauen in einer sich verändernden globalen Ökonomie.

In einem breitangelegten Forschungs- und Analyseprozeß wurden Daten aus regionalen oder länderspezifischen Erhebungen zu einer Globalsicht verknüpft. Der Bericht erweitert die Globalisierungs-Debatte um eine geschlechtsspezifische Dimension. Die Auswirkungen der Restrukturierung auf die verschiedenen Regionen der Welt sind keineswegs überall gleich, ebensowenig wie Männer und Frauen auf gleiche Weise von diesen Prozessen berührt und in sie involviert sind. Regionale Differenzen der Arbeitsmärkte beeinflussen beispielsweise die Verteilung von bezahlter Beschäftigung zwischen den Geschlechtern. Der Survey stellt sich also der schwierigen Aufgabe, globalen Handel und globale Produktion sowohl kontinent- als auch geschlechtsspezifisch zu untersuchen und daraus Aussagen für die Entwicklungs-, die Industrie- und die Transformationsländer abzuleiten. Er zeigt insbesondere auf, welche Bedeutung die fortschreitende Ausweitung der Frauenlohnarbeit für das „global economic restructuring" hatte und hat.

Verfaßt wurde der Report von Frauen der verschiedenen UN-Abteilungen. Er spiegelt die Widersprüchlichkeit wider, in der die Vereinten Nationen sich bewegen: Einerseits befinden sich mittlerweile Frauen, die zum Teil aus internationalen Frauennetzwerken kommen, in Führungspositionen. Ihr Blick auf die weltweite Entwicklung ist kritisch, wurde er doch durch die Frauenbewegung geschärft. Andererseits sind die UN-Dokumente, ist die UN-Politik stets darum bemüht, realistisch, innerhalb des Machbaren und damit auch innerhalb des Bestehenden zu bleiben. „Revolutionäre" Perspektiven sind von ihnen nicht zu erwarten. Einige wichtige Analysestränge sollen dennoch im folgenden skizziert werden. Denn über die Schlußfolgerungen läßt sich streiten – die Arbeit jedoch, die dem Mammutwerk zugrunde liegt, die Auswertung einer enormen Datenfülle und die Komplexität des Untersuchungsgegenstands machen den Report in jedem Fall bedenkenswert.

- **Welthandel und Nachfrage nach weiblicher Arbeitskraft.** Zu den langanhaltenden Trends, die tiefgreifende Veränderungen in der internationalen Ökonomie bewirken, gehört die sich verändernde Zusammensetzung des Welthandels. Weltweit stieg in den letzten Jahrzehnten der Anteil der Fertiggüter an den Exporten: Während er 1980 54,2 Prozent betrug, lag er 1990 schon bei 71,1 Prozent. Aber auch bei den Entwicklungsländern ist der Anteil der Fertigwaren an den Exporten zwischen 1970 und 1990 kontinuierlich gewachsen: Von 24,5 Prozent 1970 kletterte er in den Jahren bis 1990 auf 72,5 Prozent. Die Handelsströme jenseits der Primärprodukte haben also in den vergangenen drei Jahrzehnten beständig zugenommen, und zwar mit größerer Schnelligkeit als der Handel insgesamt. Die beschleunigte Globalisierung der Märkte in den achtziger Jahren ging in den ‚entwickelten' Ökonomien einher mit einer Umstrukturierung der Lohnarbeitsverhältnisse hin zu flexibilisierter, niedrigentlohnter, weiblicher Arbeit. Aber auch für diejenigen Entwicklungsländer, die ihre Ökonomien dem internationalen Handel öffneten, hatte sie große Auswirkungen. Insbesondere erhöhte sich der Anteil der weiblichen Arbeiterschaft dramatisch.

Wirtschaftswachstum und Ausweitung der Exportproduktion schufen nicht nur eine steigende Nachfrage nach Arbeitskraft, sondern vor allem nach „kostengünstiger" weiblicher Arbeitskraft. Die Länder, in denen die Zahl der weiblichen Beschäftigten zwischen 1970 und 1990 stieg, waren zugleich diejenigen, bei denen die Exportzahlen von industriellen Erzeugnissen rasch in die Höhe schnellten. In der Periode von 1987 bis 1991 machten Industriegüter zwei Drittel der gesamten Exportzunahme der Entwicklungsländer aus. Diese Zunahme ging allerdings zu achtzig Prozent auf acht exportierende Länder zurück, nämlich Hongkong, Indonesien, Malaysia, die Philippinen, Süd-Korea, Singapur, Taiwan und Thailand. Die lateinamerikanischen und karibischen Länder konnten mit dieser Entwicklung nicht Schritt halten, ihr Anteil an den Industriegüterexporten der Entwicklungsländer fiel in diesem Zeitraum, während die Exporte Afrikas von 1987 bis 1991 nur um 0,1 Prozent stiegen und Fertigerzeugnisse davon nur einen geringen Prozentsatz bildeten. Und während in lateinamerikanischen und afrikanischen Ländern die Rate der erwerbstätigen weiblichen Bevölkerung zwischen 1980 und 1990 sank, expandierte sie in der asiatischen Region. In Asien, wo das Wachstum auf außenorientierten Entwicklungsstrategien basiert, sind es vor allem Frauen, die in den Exportindustrien beschäftigt sind.

Arbeitsmigration und Globalisierung

Die internationale Migration hängt eng mit der Globalisierung zusammen. Das zeigt das Beispiel der vorwiegend jungen, unverheirateten Frauen aus den chinesischen Provinzen Sichuan und Guangdong, die in Scharen zu speziellen Wirtschaftszonen in Shenzen und anderswo an der Küste strömen. Internationale Migration asiatischer Frauen bedeutet zuallererst die Wanderung von Hausmädchen (domestic workers), sowohl westwärts in den Mittleren Osten und nach Europa als auch ostwärts in die Länder am pazifischen Rand. Doch seit kurzem existiert eine regionale Migration von Frauen hin zu kleinen Unternehmen, kleinen arbeitsintensiven Industrien und zu Jobs im informellen Sektor in Teilen Ostasiens (Hongkong, Japan, Singapur, Taiwan).

aus: 1994 World Survey on the Role of Women in Development

In Afrika dagegen arbeitete der Handel mit Primärgütern gegen die Frauen, vertrieb sie aus ihrer angestammten Position in der Nahrungsmittelproduktion für den eigenen Bedarf. Allerdings wirkte hier die Privatisierung teilweise für Frauen, eröffnete ihnen neue Chancen. So befand sich beispielsweise die Vermarktung von Mais in Zaire zu Zeiten staatlicher Kontrolle vorwiegend in Männerhand. Doch seit der Privatisierung ist die weibliche Beschäftigung in diesem Sektor erheblich gewachsen.

- **Profiteurinnen des Wirtschaftswachstums?** In den asiatischen Ländern bedeutet Exportproduktion Erwerbsmöglichkeiten für Frauen. Deswegen spricht der Report für diese Länder – insbesondere für die südostasiatischen – von „Beispielen einer starken positiven Auswirkung exportorientierter Entwicklungsstrategien auf die Partizipation von Frauen am modernen Sektor". Zugleich räumt er ein, daß die Tatsache, daß die arbeitsintensive Exportproduktion Südostasiens auf den internationalen Märkten nur deswegen wettbewerbsfähig war, weil sie sich der billigen Arbeitskraft von Frauen bediente, in doppelter Hinsicht wenig Zukunftshoffnungen macht: Zum einen sind sowohl die Bezahlung als auch die Arbeitsbedingungen der weiblichen Arbeitskräfte – beispielsweise in den Exportproduktionszonen – schlecht; die Frauen werden nicht nur eingestellt, weil sie weniger kosten als Männer, sondern auch weil sie fügsamer sind. Und sobald die Länder „entwickelter" sein werden im Sinne der westlichen Industrieländer, d.h. sich deren Produkten und Produktionsverfahren annähern, steht zu befürchten, daß sie die weiblichen Arbeitskräfte nicht mehr benötigen.

Die höchste Rate wirtschaftlich aktiver Frauen im Verhältnis zu Männern ist in Ost- und Südostasien zu finden, und es läßt sich statistisch nachweisen, daß vom dortigen Wirtschaftswachstum die Frauen in Hinblick auf die Beschäftigungszahlen mehr profitieren als die Männer. In Westeuropa und Nordamerika dagegen hatte das Wachstum den umgekehrten Effekt: hier waren in den letzten Jahren die Männer die Jobgewinner, denn das Wachstum ging auf Beschäftigungssektoren zurück, in denen nicht billige Frauenarbeit, sondern hochqualifizierte Arbeitskraft gefragt ist. Und obwohl in diesen Bereichen auch Frauen beschäftigt sind, finden sich hier doch vorwiegend Männer; Frauen dagegen dominieren in schlechtbezahlten, flexibilisierten Bereichen (Teilzeitarbeit).

• **Lohnsegregation.** Die Zahl der wirtschaftlich aktiven Frauen ist in den meisten Regionen der Welt in den vergangenen zwanzig Jahren angestiegen. 1990 war eine stattliche Zahl von 854 Millionen Frauen erwerbstätig, sie stellten damit 32,1 Prozent der weltweiten Arbeiterschaft. 60 Prozent von ihnen arbeiten weltweit im modernen Sektor, d.h. als Lohnverdienerinnen außerhalb der Landwirtschaft, davon allerdings die Hälfte im Dienstleistungsbereich. In den Entwicklungsländern findet sich die Hälfte aller ökonomisch aktiven Frauen im informellen Sektor, da Krisen und Strukturanpassungsmaßnahmen die regulären Beschäftigungsmöglichkeiten beschnitten haben. Trotz dieser insgesamt beeindruckenden wirtschaftlichen Aktivitäten von Frauen hat die Armut ein weibliches Gesicht. Denn gleich ist trotz aller regionaler Unterschiede ein – wenn auch in seiner Größe variierender – Einkommensunterschied zwischen den Geschlechtern.

In den herkömmlichen Industrieländern hat die Lohngleichheit in den vergangenen vierzig Jahren zwar Fortschritte gemacht, immer noch verdienen aber Frauen nur 50 bis 80 Prozent der Männerlöhne. Die Bundesrepublik Deutschland liegt dabei übrigens ziemlich konstant bei einem weiblichen Durchschnittseinkommen, das nicht ganz drei Viertel von dem der Männer beträgt (1986: 73,1; 1987: 73,4; 1988: 73,6; 1989: 73,5; 1990: 73,1; 1991: 73,6). Sie rangiert damit zwar weit vor Japan (1991: 50,8), aber um einiges hinter Neuseeland (1991: 80,9). In den Entwicklungsländern hingegen besteht die Lohnsegregation vor allem in den Ländern, die eine exportorientierte Industrialisierung durchlaufen haben oder in denen Exportproduktionszonen errichtet wurden. So verdienen Frauen in Lateinamerika und der Karibik zwischen 44 und 77 Prozent der Männerlöhne. Für Asien wurde als Durchschnittslohn einer Frau in der Industrie im Verhältnis zu dem eines Mannes 1990/91 folgendes ermittelt: 88 Prozent in Sri Lanka, 56 Prozent in Singapur, 51 Prozent in Korea. Diese Ungleichheit erstreckt sich auch auf Heimarbeit und auf entlohnte Landarbeit.

Und auch im informellen Sektor verdienen Frauen generell weniger als Männer.

- **Globalisierte Armut.** Armut ist also ebenso feminisiert wie die un- und unterbezahlte Arbeit. Und die Armut hat zugenommen in den Jahren der beschleunigten Globalisierung von Märkten und Produktion: Erst war sie zwischen 1950 und 1980 gesunken. Doch in den frühen achtziger Jahren ging diese Armutsverringerung zurück, um Mitte der Achtziger gegen Null zu tendieren. Die Anzahl der Menschen unterhalb der Armutsgrenze – von den Vereinten Nationen auf 370 Dollar im Jahr festgelegt – nahm von einer Milliarde 1985 auf 1,2 Milliarden 1993 zu. 1993 sah sich die Welt wachsenden Hungersnöten gegenüber, 800 Millionen Menschen hungerten, 34.000 Kinder starben täglich an Nahrungsmangel und fehlender medizinischer Versorgung. Seuchen wie Aids, Cholera und Malaria breiteten sich aus, die Arbeitslosigkeit war hoch. Paradoxerweise – oder konsequenterweise – betrug das durchschnittliche Wirtschaftswachstum in dieser Zeit (1980 bis 1989) 3,2 Prozent, während die Wachstumsrate zwischen 1965 und 1980 nur bei 2,4 Prozent gelegen hatte. Und obwohl in den achtziger Jahren das Durchschnittseinkommen in den Entwicklungsländern sich erhöhte, wurden immer mehr Menschen immer ärmer. Das galt auch für die sog. entwickelten Länder: In den USA lebten schätzungsweise 13 Prozent der Bevölkerung unter der Armutsgrenze. In Japan waren 25 Prozent aller Haushalte arm zu nennen. In der europäischen Gemeinschaft befanden sich zu Beginn der neunziger Jahre 44 Millionen Menschen, das sind 18 Prozent der Bevölkerung, in Armutsverhältnissen, davon zehn Millionen in absoluter Armut. Und in den Transformationsländern Zentral- und Osteuropas schätzte man die Zahl der Armen auf 100 Millionen. Auch etablierte sich ein Klima sozialer Ausgrenzung, das für die Betroffenen das (Über-)leben zusätzlich erschwert.

- **Schlußfolgerungen des Reports.** Trotz kritischer Beschäftigung mit der Globalisierung hebt das Dokument auch positive Aspekte hervor, die vor allem in der Auswirkung des Wachstums in Südostasien auf die Beschäftigungsrate von Frauen gesehen werden. Die Frauen teilen das Schicksal ihrer Länder, heißt es – Wirtschaftspolitiken und Entwicklungsstrategien müssen jedoch die Geschlechtsblindheit überwinden. „Das Geschlecht in der globalen und nationalen Politik in Betracht ziehen", so der Slogan des Reports. Frauen müssen an der sozialen, ökonomischen und politischen Entscheidungsfindung beteiligt werden, sie müssen den strukturellen Wandel aktiv mitgestalten. Das bedeutet eine geschlechtersensible mikro- und makroökonomische Politik, was Forderungen nach besserer Ausbildung, gleichem Lohn für gleiche Arbeit, familienfreundlichen Gesellschaften, sozialer Sicherheit, Schutz vor sexueller Belästigung, aber auch nach der Ermutigung von Selbst-Beschäftigung (Self-employment) und Kleinunternehmertum (Micro-enterprises) mit einschließt. Der Report bemüht sich also um eine positive Perspektive, die auf die volle Partizipation der Frauen am Wirtschaftsleben, wahlweise – wo das ersichtlich nicht funktionieren kann – auf die verstärkte Entwicklung wirtschaftlicher Eigenaktivitäten von Frauen setzt. Die kritische Auseinandersetzung mit der Globalisierung bleibt unausgeführt, die grundlegende Orientierung des Reports ist die an den bestehenden Wirtschaftsstrukturen. Durch die Förderung der Eigenaktivitäten von Frauen kommt allerdings auch das Moment der Selbstorganisation ins Spiel, die eine Stärkung ihrer Autonomie, ihrer Fähigkeit zum selbstbestimmten und gemeinschaftlichen Handeln mit sich bringt. So läßt das Dokument es den Frauen zumindest offen, den Weg alternativer Wirtschaftsweisen einzuschlagen.

Perspektiven von Frauenorganisationen auf und gegen die Globalisierung

Welche Strategien und Perspektiven entwickeln Frauenorganisationen selbst zum Thema Globalisierung? Die Antworten darauf fallen unterschiedlich aus. Auch manche Frauen von der Basis können den globalisierten Märkten, der globalisierten Produktion positive Seiten abgewinnen. Das sind nicht nur Frauen in der Wachstumsregion Asien, denen die Weltmarktfabriken bei aller Unterdrückung und Ausbeutung Beschäftigungschancen bieten. Unter den Meldungen, die die Dritte-Welt-Nachrichtenagentur IPS vor Beijing um den Globus schickte und die sich mit der Situation von Frauen in verschiedensten Ländern befaßten, befand sich auch ein Artikel überschrieben mit: „Burkina Fasos Wirtschaft: Baum der Frauen tritt internationale Reise an." Darin geht es um Butterproduktion und Kosmetikkonsum.

Die Butter, die die Frauen in der Sahelzone seit Jahrhunderten aus der Shea-Palme gewinnen, wird in Asien, Europa und den Vereinigten Staaten als Basis für Kosmetika verwendet. In Westafrika wird sie weitaus vielfältiger genutzt – für Seife und Kosmetika über Viehfutter bis hin zur Wandfarbe. Nun jedoch hat die Regierung Burkina Fasos beschlossen, die Shea-Butter zu einem Hauptexportartikel des Landes zu machen. Die Nüsse der Shea-Palme – die in frankophonen Ländern Karité genannt wird – wurden traditionell von Frauen gesammelt und von mehreren Familien gemeinsam verarbeitet. Heute werden die Nüsse oftmals zu einem Preis von ungefähr 10 US-Dollar pro 126 Kilo-Sack organisierten Frauengruppen überlassen, die aus ihnen in mühsamer Handarbeit Butter herstellen. Exporteure verkaufen das Produkt dann weiter – etwa 4.000 Tonnen pro Jahr, zu einem Preis von einem bis anderthalb Dollar pro Kilogramm. Doch wegen der steigenden Nachfrage aus Asien, den Vereinigten Staaten und aus Europa soll die Butterproduktion auf 18.000 Tonnen jährlich gesteigert werden. Deswegen sind 5.000 Pressen an die Frauengruppen geliefert worden, mittels derer jede Frau ihren täglichen Ertrag von 10 auf 200 Liter steigern kann – ganz zu schweigen von der Erleichterung der harten Arbeit.

Ein Segen also für die Frauen in der Süd-Sahara, die ihre täglichen Arbeitserlöse von 20 Cents auf 20 Dollar steigern können, weil die Frauen in den ‚entwickelten' Gebieten der Welt die Karité-Butter auf ihrer gestreßten Haut lieben? Ein gelungener Wirtschaftskreislauf zwischen Produzentinnen und Konsumentinnen, einmal rund um den Erdball? Es hat den Anschein.

Allianz für eine andere Wirtschaftsentwicklung

Andere kommen in der Auseinandersetzung mit der Globalisierung nicht zu diesen Resultaten. Für die großen internationalen Frauenorganisationen war die Ökonomie – auch aufgrund des der Weltfrauenkonferenz vorausgehenden UN-Sozialgipfels – ein intensiv bearbeitetes Thema. So verbanden sich im Vorfeld von Beijing das europäische Netzwerk WIDE (Women in Development Europe), das nordamerikanische Netzwerk Alt-WID (Alternative Women in Development) und das Süd-Netzwerk DAWN (Development Alternatives with Women for a New Era) zu einer Allianz, deren Ziel die Formulierung alternativer ökonomischer Analysen und Ansätze ist. Dieser Zusammenschluß ist ein ‚Dach', unter dem zum Teil unterschiedliche Betrachtungsweisen zusammenkommen. Wie sehen diese Analysen und Ansätze aus?

Eine relativ griffige Skizzierung der unter „Globalisierung" gefaßten Phänomene gab die Ökonomin Pamela Sparr von Alt-WID bei einer gemeinsam mit WIDE durchgeführten Veranstaltung in Huairou. Sie sprach von vier unterschiedlichen Typen von Globalisierungsprozessen, die seit Jahrzehnten im Gang sind, sich in den letzten Jahren jedoch verstärkt haben und zusammengenommen das ausmachen, was man als „Globalisierung" bezeichnet.

- Da wäre erstens die zunehmende Globalisierung von ökonomischen Aktivitäten, das meint: Produktion, Marketing, Finanzströme. In diesem Prozeß ist die Integration zwischen ‚Entwicklungs-' und ‚entwickelten' Ländern geringer geworden, zugleich haben sich mehr Länder für eine marktorientierte Entwicklung entschieden.
- Zweitens werden zunehmend export-orientierte Strategien angewendet. Vorangetrieben von Weltbank und Internationalem Währungsfonds, werden der Handel liberalisiert, die Löhne gesenkt und Exportzonen eingerichtet. Dieses Entwicklungsmodell

hat zahlreiche Nachteile: Studien ergaben, daß die ArbeiterInnen ihre Niedriglohnjobs in den Exportproduktionszonen verlassen würden, hätten sie andere Möglichkeiten zu überleben. Länder, deren Entwicklung sich auf den Export gründet, sind hochgradig abhängig vom Markt und treten die Kontrolle über ihre Ökonomie an andere Wirtschaftsmächte ab. Außerdem können längst nicht alle Länder eine exportorientierte Entwicklung durchlaufen, da die von außen kommenden Finanzströme nur in einige Länder fließen. So verteilen sich drei Viertel aller Direktinvestitionen auf zehn Länder; viele haben in diesem Wettbewerb keine Chance.

- Drittens ist eine Ausbreitung von multinationalen Konzernen festzustellen. Die TNCs (Transnational Corporations) zahlen zwar oftmals im Vergleich zu lokalen Beschäftigungsgebern höhere Löhne, die langen Arbeitszeiten und die intensive Arbeitskraftausnutzung ziehen jedoch gesundheitliche Schäden nach sich. Im Zuge von Kostensenkungsmaßnahmen wird außerdem entweder automatisiert oder Druck auf die Löhne ausgeübt, auch beispielsweise durch Subkontrakte mit lokalen Unternehmern.
- Viertens werden in zahlreichen Ländern Strukturanpassungsprogramme durchgeführt. Sie sollen stabilisierend wirken, stabilisieren jedoch nur die Preise, nicht aber die Beschäftigung, und sind begleitet von Kürzungen im öffentlichen und sozialen Sektor. Das bedeutet für die Haushalte, daß sie weniger Ressourcen zur Verfügung haben.

Märkte richten sich – so Pamela Sparr – am Streben nach Profit aus, nicht am Menschen; und nationale Regierungen sind vor allem an Wachstumsraten interessiert. Es geht also darum, nach Alternativen zu suchen, nach Perspektiven für eine Neugestaltung von Entwicklung, nach einem Zugang zu Entwicklung, der nachhaltig und human ist.

Eine Inderin von der Democratic Women's Association reagierte spontan auf diesen Vortrag: „Wir sollten eine Erklärung abgeben, daß wir das, was ‚Entwicklung' genannt wird, ablehnen!" Was aber macht eine humane Entwicklung aus?

WIDE machte Perspektiven gegen die Globalisierung vor und in Beijing zu seinem Hauptforschungs- und Aktivitätenschwerpunkt. In verschiedenen Arbeitspapieren, Broschüren und Lobbydokumenten kritisierte WIDE das herrschende neoliberale Entwicklungsparadigma und entwickelte Alternativvorstellungen. Im gegenwärtigen Wirtschaftsmodell haben kooperative Anstrengungen keinen Platz – Konflikt und Wettbewerb bestimmen das wirtschaftliche Spiel. Ökonomische Aktivitäten sollten aber den Menschen dienen. Ziel ist eine Wirtschaft, die sich nicht an der Akkumulation von Profit, sondern an der Verbesserung der Lebensqualität orientiert. Die marktorientierte Ökonomie soll ersetzt werden durch ein menschenzentriertes, geschlechtergerechtes (gender-equitable) und nachhaltiges Wirtschaften, in dem Eigenverantwortlichkeit und Rechenschaftspflichtigkeit gegenüber der Öffentlichkeit an Stelle der Abhängigkeit treten.

Wesentliche Voraussetzung für die neue Qualität von Wirtschaft und Gesellschaft, die WIDE anstrebt, ist die Sichtbarmachung und Neubewertung reproduktiver Arbeit. Dieser reproduktiven Arbeit soll in Politik und Ressourcenverteilung Priorität gegeben werden. Die Analyse ihres Wertes aber erfordert zugleich eine kritische Interpretation gegenwärtiger Theorien des Wertes. „Es existieren zwei Ökonomien: eine, in der die Menschen dafür bezahlt werden, Dinge zu produzieren, die auf Märkten verkauft oder durch Steuern finanziert werden. Das ist die Warenwirtschaft, die alle für ‚die Ökonomie' halten. Dann haben wir noch die verdeckte, versteckte, unsichtbare Ökonomie: die Ökonomie der Fürsorge (economy of care). Die Warenwirtschaft ist zur Zeit die herrschende und die Fürsorgewirtschaft ihr untergeordnet. Deswegen sind diejenigen Verantwortlichkeiten, Energien und Bestrebungen, die mit der Fürsorgewirtschaft verbunden sind, durch die Art, wie die Ökonomie funktioniert, benachteiligt. Es besteht ein Ungleichgewicht zwischen dem Geldmachen und dem Erfüllen von Bedürfnissen. Deswegen ist es von fundamentaler Wichtigkeit, die Geschlechteragenda der Ökonomie zu erweitern – von der ziemlich eng gefaßten Beschäftigung mit der Diskriminierung von Frauen hin zur Reorganisierung der Beziehung zwischen Geldmachen und Bedürfnisbefriedigung, zwischen der Fürsorgewirtschaft und der Warenwirtschaft. Ohne einen solchen Transformationsprozeß läßt sich weder die Geschlechterdiskriminierung abschaffen noch lassen sich gleiche Möglichkeiten für beide Geschlechter verwirklichen." (aus: Diane Elson, Alternative Visions, in: WIDE, Towards Alternative Economics from a European Perspective, August 1995)

Als neue Kriterien für Wirtschaftspolitik nennt WIDE:
- Gerechte Ressourcenverteilung innerhalb und zwischen Ländern;
- Gerechte Ressourcenverteilung zwischen Geschlechtern und zwischen Klassen;
- Umweltverträglichkeit (environmental sustainability);
- Eine soziale Infrastruktur, die dazu fähig ist, die Bedürfnisse aller Menschen zu erfüllen und diese mit den Mitteln und Möglichkeiten ausstattet, wohlhabend und glücklich zu sein.

Aus diesen Zielvorstellungen heraus stellte WIDE Forderungen auf, die auf zweierlei abzielten: zum einen auf Publicity für das Ziel einer gerechten und nachhaltigen Entwicklung. Zum anderen darauf, Regierungen und internationale Institutionen im Namen dieser Entwicklung rechenschaftspflichtig zu machen. Heraus kam ein umfangreicher Katalog, in dem der häufige Gebrauch des Wortes „sollen" ins Auge sticht: Internationale Finanz- und Handelsinstitutionen sollen unter UN-Überwachung und -Kontrolle gebracht, ein Verhaltenskodex für transnationale Konzerne aufgestellt, alle nationalen und internationalen Wirtschafts- und Entwicklungsprogramme überwacht werden. „Empowerment of Women" soll zentrales Ziel der Wirtschafts- und Sozialpolitik und -programme sein, die Weltbank soll ihre Politik auf soziale Verantwortlichkeit, nachhaltige Ressourcennutzung und unter geschlechtsspezifischen Gesichtspunkten überprüfen. Frauengruppen sollen mit politischen und finanziellen Möglichkeiten ausgestattet werden, um die geschlechtsspezifischen Auswirkungen von GATT und die Arbeit der Welthandelsorganisation WTO zu überwachen. Frauennetzwerken, die am sozialen, ökonomischen und politischen Wandel in Süd und Nord arbeiten, soll politische und finanzielle Unterstützung gegeben werden.

Armut und Geschlechterhierarchie an der Wurzel packen

Ähnliche Forderungen erhob der Women's Linkage Caucus, ein Arbeitszusammenhang der verschiedenen Frauenorganisationen, bei dem WEDO (Women's Environmental and Development Organization) eine tragende Rolle spielt. Anlaß des Zusammentreffens war die Vorkonferenz für die Weltfrauenkonferenz im März 1995 in New York. Das Ziel einer für alle gerechten Welt erfordere es, so der Caucus in einem umfangreichen, in New York verbreiteten Papier, die inhärenten „gender, racial and class biases" in den herrschenden neoliberalen Wirtschaftsparadigmen und -politiken anzugreifen, die unsere Welt gestalten. Armut und die Hierarchie zwischen den Geschlechtern müßten an ihren Wurzeln gepackt werden. Als wesentlicher Schritt hin zu einer sozial gerechten und umweltverträglichen Entwicklung sei eine komplette Demilitarisierung aller Länder notwendig.

Auch in diesem Dokument dominierte das Wörtchen „sollen": Wiederum wurden Rechenschaftspflichtigkeit und ethische Verhaltenskodizes für Institutionen und Konzerne gefordert. Außerdem forderte das Dokument noch viele weitere Veränderungen ein: Öffentliche Mittel sollen entsprechend den Grundbedürfnissen von Frauen verwendet werden. Das schließt die Reduzierung von Waffen und Militärausgaben mit ein – um mindestens fünf Prozent 1996 und in jedem der fünf darauffolgenden Jahre. Strukturanpassungsprogramme sollen durch makro-ökonomische Politiken ersetzt werden, die geschlechtsspezifische Fragen und die Frauen selbst in den Entscheidungsprozeß integrieren und die Armut durch verbesserte ökonomische Möglichkeiten für arme Männer und Frauen reduzieren. Im Finanzsektor sollen Reformpolitiken und Maßnahmen formuliert werden, um städtischen und ländlichen Kleinproduzentinnen Zugang zu Krediten zu gewährleisten. Die verstärkte Anwendung internationaler Arbeits- und Beschäftigungsstandards soll ArbeiterInnen in Freihandelszonen schützen. Mißbrauch seitens der Arbeitsgeber – einschließlich transnationaler Konzerne – soll sanktioniert werden. Die Anwendung von ILO-Konventionen und -Standards soll den Schutz von Frauen und Mädchen in Beschäftigungschancen und Arbeitsbedingungen sicherstellen, des weiteren sollen ihre Gesundheit, Sicherheit und Freiheit von sexuellem Mißbrauch und sexueller Belästigung gewährleistet werden.

Frauen sind die Hälfte der Welt: eine globale Kraft

Andere Akzente setzt DAWN. Zwar beschäftigt sich das Netzwerk von Frauen aus Afrika, Asien und Lateinamerika auch mit Alternativen zum bestehenden Entwicklungsmodell. In einem bei einer Forums-Veranstaltung verbreiteten Papier stellt DAWN fest: „Unsere globale ökologische und soziale Krise kann nicht einzig und allein durch einen Prozeß der Umverteilung bewältigt werden. Ein grundlegender Restrukturierungsprozeß ist erforderlich. In diesem Kontext bedeutet das ökonomische und politische Empowerment von Frauen nicht einfach leichte Statusverbesserungen innerhalb der Parameter einer in sich hierarchischen Struktur. Es bedeutet vielmehr, die ökonomischen und politischen Prozesse zu verändern, die diese Struktur stützen. Das geht über die ‚Beteiligung an der Entwicklung' hinaus – es ist die Transformation der Entwicklung." Die Analyse jedoch hat einen anderen Schwerpunkt als die Analysen der Europäerinnen und Nordamerikanerinnen.

DAWN hält es für eine Ironie der Geschichte, daß in Zeiten, in denen eine sozial gerechte Entwicklung dringend benötigt wird, eine archaische, neoliberale *Laissez-faire*-Ökonomie – die ihre Wurzeln im 18. Jahrhundert hat – zur universellen Norm wird. Während dieser Typus von Wirtschaftsphilosophie davon ausgeht, daß der Markt die Dinge schon regeln wird, vertieft sich tatsächlich die Kluft zwischen Arm und Reich. Ökonomisches Wachstum und Armut sind zwei Seiten desselben Prozesses. Das liegt nach DAWN daran, daß die bestehende Weltwirtschaftsordnung auf rapider Industrialisierung und auf intensivem Ressourcentransfer beruht. Der Ressourcenabzug von der Peripherie in die Wohlstandsinseln dieser Welt ist der ökologische Prozeß, der den hohen Wachstumsraten einiger weniger Länder zugrunde liegt. Denn er schafft die Ressourcenbasis für profitorientiertes Wachstum. In einer Welt begrenzter Ressourcen ist es jedoch unvermeidlich, daß Wohlstand in einigen Gebieten zur Beraubung anderer führt. Menschliche Ressourcen und Umweltressourcen werden von den ländlichen Gebieten in die städtischen Zentren verlagert, von den Niedrig-Wachstum-Ländern in die Länder mit höherem Wachstum. Daraus resultiert eine alarmierende Umweltzerstörung in allen ökologischen Zonen – in Hochland und Flachland ebenso wie im Meer. Die Länder mit hohen Wachstumsraten stehen an der Spitze der Ressourcenpyramide. Diese ist der Nahrungskette vergleichbar: Die Zahl der Allesfresser und Säugetiere ist ökologisch begrenzt durch die Nahrung, die weiter unten in dieser Kette vorhanden ist. Ähnlich wird die Anzahl von Ländern mit hohem Wachstum durch das verfügbare Hinterland begrenzt. Wenn aber hohes Wachstum zum Standard einer ganzen Region wird, verstärkt sich der Wettbewerb um die Ressourcen – für die an der Spitze ebenso wie für die darunter, die nach oben wollen. Das intensiviert die Ressourcenausbeutung, macht die Ressourcenverschwendung noch drastischer und polarisiert Reichtum und Armut noch mehr.

Wohlstand wird durch „Schattensubventionen“ der Umwelt, aber auch der Frauen, geschaffen. Der Prozeß der Wohlstandserzeugung muß sowohl Naturressourcen als auch menschliche Arbeit – und das bedeutet insbesondere: die Arbeit von Frauen – so billig wie möglich erlangen. Das hat zur Verwandlung der Umwelt in Waren geführt, außerdem zur Zerstörung von Lebensgrundlagen und zu einem Wirtschaftsmodell, das Frauenarbeit systematisch ausbeutet.

Frauen erleiden die schlimmsten Auswirkungen von ökonomischen Prozessen, die durch mächtige Kräfte innerhalb und außerhalb ihrer Länder angetrieben werden. Dabei werden die Frauen ländlicher und indigener Gemeinschaften, die in direkter Interaktion mit der natürlichen Umwelt leben und deren Haushaltsmanagement eher auf dem Zugang zur Ressourcen als auf dem Zugang zu Geld basiert, von der ökologischen Krise am härtesten getroffen. Ein Weltsystem, das auf der Ausbeutung und Deprivation von Frauen basiert, ist für DAWN nicht akzeptabel. Ein Wandel auf allen Ebenen und in allen Lebensbereichen ist erforderlich. Allianzen und Koalitionen müssen gebildet werden, vertikal und horizontal, um die Krise, die alle betrifft, zu lösen. Die Transformationsstrategie muß den Markt, den Staat und die zivile Gesellschaft einschließen. Wirklich stark sind die Frauen bislang jedoch nur im Sektor der Civil Society. Geändert werden kann das nicht in erster Linie durch mehr Partizipation in den Parlamenten und Führungsetagen der Wirtschaft, sondern durch eine Transformation dieser Institutionen und der wirtschaftlichen und politischen Prozesse. „Frauen sind die Hälfte der Welt: eine globale Kraft. Wir können, wir müssen die Welt verändern. Das Schicksal der Frauen ist das Schicksal der Welt."

Auf dem Weg ins 21. Jahrhundert erfahren wir viele komplexe und schwierige Veränderungen, die sich zu einer globalen Krise des kollektiven Überlebens summieren. Das Ende des Kalten Krieges hat nicht wie erwartet Frieden in der Welt gebracht. Statt dessen hat es neue politische Linien und neue Muster von Krieg und Konflikt erzeugt, und speziell eine ausgedehnte Gewalt innerhalb von Nationalstaaten. Über 90 Prozent der Kriegsopfer der letzten Jahre waren nicht Soldaten, sondern Zivilisten, zumeist Frauen und Kinder. Ungefähr 20 Millionen Menschen sind Flüchtlinge, davon 75 Prozent Frauen und Kinder. Die systematische Vergewaltigung von Frauen ist zum vorherrschenden Kriegsverbrechen geworden.

Neue Formen von Vorurteil und Bigotterie sind entstanden, basierend auf religiösem Fanatismus, Rassismus und Konservatismus. Sie beschränken den Zugang von Frauen zu ökonomischen, politischen und sozialen Ressourcen. Nach dem Kalten Krieg durchläuft die Welt eine ökonomische Globalisierung. Dieser Prozeß hat neue wirtschaftliche Möglichkeiten, aber auch neue Wohlstands- und Armutsmuster gebracht. Frauen bilden heute 70 Prozent der 1,3 Milliarden Menschen, die in absoluter Armut leben. Frauen verdienen nur 10 Prozent des Welteinkommens und besitzen nur ein Prozent allen Eigentums.

Die ökonomische Globalisierung verschärft auch unsere Umweltkrise. Als Ergebnis davon verlieren die Frauen in den ländlichen Gebieten ihre zum Leben notwendigen Ressourcen, fast ohne dafür neue wirtschaftliche Möglichkeiten zu erhalten. Gleichzeitig sind sie weiterhin verantwortlich für Familie und Gemeinschaft, jedoch auf einer reduzierten und verschlechterten Ressourcenbasis. Leben und Lebensunterhalt von Frauen sind so ernsthaft bedroht.

Warum passiert das alles? Welche systematischen Prozesse haben zu einer Krise solchen Ausmaßes geführt? Wir müssen diese Fragen kollektiv, als globale Gemeinschaft, stellen. Stellen und beantworten wir sie nicht, gibt es wenig Hoffnung, die Prozesse anzuhalten, die Krisensituationen für Frauen in der ganzen Welt produzieren und reproduzieren. Solch eine Welt ist weder nachhaltig noch gerecht. Wir können nicht ins 21. Jahrhundert eintreten mit einer Menschheit, von der die Hälfte Objekt ist von Gewalt, Verarmung, Enteignung und Vertreibung. Welche Art von Welt hinterlassen wir unseren Töchtern und Enkelinnen?

Wir sind unseren Töchtern, Enkelinnen und den folgenden Generationen gegenüber rechenschaftspflichtig. Die Wörter und Paragraphen, die hier so eifrig debattiert werden, haben Bedeutung und Konsequenzen für zukünftige Generationen. Darum geht es uns hier bei dieser Konferenz. Als globale Gemeinschaft müssen wir über die kurzzeitigen Gewinne von Gruppen mit Partikularinteressen und von Machtblöcken hinausschauen. Als globale Gemeinschaft besteht unsere moralische Verantwortlichkeit darin, eine nachhaltige und gerechte Welt zu errichten, in der all unsere Töchter, Enkelinnen und die nachfolgenden Generationen ein stabiles, friedliches und gesundes Leben führen können.

Das erfordert kollektive Verpflichtung und politischen Willen. Es erfordert eine globale Koalition von allen Sektoren und Ebenen der Gesellschaft, einschließlich Regierungen, NGOs und internationale Organisationen. Solch eine Koalition muß den Bedürfnissen, Rechten und Realitäten von Frauen gerecht werden, insbesondere den ärmsten Frauen, die in den entlegensten Communities leben. Wir brauchen Führungspersönlichkeiten und Regierungen, die sich den Interessen der Frauen und der nächsten Generationen ernsthaft verpflichtet fühlen.

Auszug aus einer Rede von Vivienne Wee (DAWN) bei der UN-Weltfrauenkonferenz

Gegen die Marginalisierung durch Strukturanpassung

Inbegriff der Globalisierung sind für viele die Strukturanpassungsprogramme (SAPs). Aber auch sie wurden aus unterschiedlichen Blickwinkeln beleuchtet. Inderinnen verdeutlichten in Huairou, daß Strukturanpassungsmaßnahmen oftmals den Einsatz gefährlicher Verhütungsmittel beinhalteten. Für die anwesenden Afrikanerinnen dagegen waren die Gesichtspunkte der Armut durch die SAPs und der sie begleitenden politischen Repression entscheidend. Eine Ghanaerin führte aus, daß die SAPs nur so lange eine Erfolgsstory waren, solange sie an Militärregierungen gekoppelt waren, in Zeiten der Demokratisierung aber erfolglos bleiben, was inzwischen selbst die Weltbank zugibt. Eine Forums-Teilnehmerin aus Sambia wies auf die mit den Strukturanpassungsprogrammen verbundene Dialektik von Einschluß (inclusion) und Ausschluß (exclusion) hin: Nur ein kleiner Teil der Bevölkerung erhält Arbeit von den Multis, dem weitaus größeren Teil hingegen werden die Arbeitsmöglichkeiten genommen, da sie im Zuge der Beschneidungen des staatlichen Sektors die Beschäftigung dort verlieren. Eine Kenianerin beendete eine Schilderung der Verwüstungen, die SAPs anrichten, mit den Worten: „Wir können nicht über Strukturanpassung sprechen, ohne über Alternativen zu reden!“ Denn selbst in Gebieten, in denen es den Menschen vorher wirtschaftlich gutging, werden die Frauen nun aus dem Mainstream hinaus und in den informellen Sektor gedrängt. Die Mehrzahl von ihnen arbeitet außerhalb der formellen Ökonomie. Die NGOs sind also gezwungen, durch Analyse und Aktion praktische Alternativen zu schaffen. Eine erste Antwort liegt im Empowerment durch Netzwerke, in denen ökonomische Alphabetisierung betrieben und nach kreativen Problemlösungen gesucht wird.

Für junge Frauen aus Lateinamerika und der Karibik beschränken Strukturanpassungsprogramme ihren Zugang zu Mitteln, die für ihre Entwicklung wichtig sind. Die traditionellen Mittel sozialer Mobilisierung (wie Zugang zu Bildung) seien heute kein wirkliches Instrument mehr für die Verbesserung der Lebensqualität, hieß es in einer Erklärung im Vorfeld von Beijing. Der Verlust von Bildungschancen ist Teil eines ganzen Kreislaufes: In der Folge neoliberaler Wirtschaftspolitik verlieren Familien ihr Basiseinkommen, Jugendliche müssen schon frühzeitig für den eigenen Unterhalt und den der Familie sorgen, werden dabei in die tertiären und informellen Sektoren der Ökonomie gedrängt, in denen sie wenig wert sind und wenig verdienen. Zugleich werden ihnen von den Massenmedien neue soziale Werte – Individualismus, Fixierung auf Konsum, materialistische Lebensvisionen – eingehämmert. Der Prozeß der Marginalisierung und des Ausschlusses, den die Strukturanpassungsmaßnahmen einleiten, habe eine wachsende Delinquenz von Jugendlichen, Drogenhandel und Drogenkonsum zur Folge, schrieben die jungen Frauen aus der lateinamerikanischen und pazifischen Region. Und leiteten daraus die Forderung ab nach Entwicklungsmodellen, die auf partizipatorischer und autonomer Entscheidungsbildung beruhen, die die Erfüllung der Bedürfnisse aller Menschen – d.h. eine gerechte Wohlstandsverteilung – garantieren, die die kulturelle, ideologische, organisatorische, ethnische, sexuelle Orientierung und religiöse Vielfalt respektieren und die soziale Gerechtigkeit gewährleisten, entsprechend den besonderen Bedürfnissen jeder Gesellschaft und in Übereinklang mit den Fähigkeiten des ökologischen Systems, sie zu ernähren. Neben diesen alternativen Visionen forderten die jungen Frauen aber auch Beschäftigungsprogramme, die die gegenwärtigen Trends zum Ausschluß und zur Marginalisierung revidieren.

Globaler Kampf gegen globale Apartheid

Vor der Weltfrauenkonferenz schlossen sich regionale und überregionale Frauennetzwerke, die „ethnic and racial" Gemeinschaften repräsentieren, mit einer gemeinsamen Erklärung zusammen. Die Liste der Unterzeichnerinnen verdeutlicht den „Süden im Norden". Es handelt sich um Organisationen von schwarzen Frauen, Migrantinnen, Flüchtlingen, die in England, Japan, Frankreich, den USA, Costa Rica, Brasilien, Kanada, der Dominikanischen Republik, Peru, den Niederlanden, Malaysia und Deutschland leben. Der Kongreß schwarzer Frauen in Kanada stand neben nationalen Organisationen von Frauen aus den Antillen oder aus Papua, die in den Niederlanden leben; das Netzwerk schwarzer Organisatorinnen in den USA stand neben „Südströmungen", einer Kampagne von Frauen aus Afrika, Asien und Lateinamerika in Deutschland – um nur einige Beispiele herauszugreifen.Wiederum war Marginalisierung ein zentrales Thema, das An-den-Rand-Gedrängt-Werden, der Ausschluß resultiert für sie jedoch aus dem Zusammenhang von Globalisierung und Rassismus: „Die bestehenden profitorientierten, globalen wirtschaftlichen Strukturen sind systematisch und historisch rassistisch und lassen die Frauen, die wir vertreten, zu den Verletzbarsten durch extreme Armut und Menschenrechtsverletzungen werden. Systematische Diskriminierung, basierend auf Ethnizität, Rasse, Herkunft, Kultur, Sprache, Religion und anderen Faktoren, hatte zum Ergebnis: unsere ökonomische, politische und soziale Deprivation und Marginalisierung; fundamentale Verletzungen unserer Menschenrechte und Freiheiten; die Aberkennung von Bürgerrechten und Aufenthaltsstatus; gewaltsame Akte gegen uns. Die globale wirtschaftliche Restrukturierung hat für die Frauen unserer Gemeinschaften verheerende Verwüstungen mit sich gebracht. Wir arbeiten daran, das

Leben der am meisten benachteiligten Frauen zu verbessern, für die der Überlebenskampf eine tägliche Realität ist. Wir identifizieren uns mit den Kämpfen unserer Schwestern im Süden und bekräftigen die historischen und gegenwärtigen Verbindungen zwischen uns." Bei einer Veranstaltung der Women of Color in Huairou sprach Dessima Williams aus Grenada von der globalen Machtstruktur als „Regime globaler Apartheid", gegen das sich der Kampf richten müsse.

Sich dem Ethnozid und Genozid in den Weg stellen

Weltumspannend ist bereits der Kampf der indigenen Frauen Das spiegelt die 132 Namen umfassende Unterzeichnerinnenliste der „Beijing Erklärung indigener Frauen" wider. Sie wird angeführt von Nobelpreisträgerin Rigoberta Menchu aus Guatemala; es folgt die Organisation asiatischer indigener Frauen, das Netzwerk indigener Frauen in den USA, Ka Lahui Hawaii, die karibische Organisation indigener Menschen, das Omomo Melem Pacific Women's Network of the Colonized Territories, Mujeres Campesinas de Bolivia, Casa de la Mujer Mapuche in Chile, die nationale Organisation indigener Frauen in Kolumbien, die Föderation der Hügelfrauen in Bangladesch, der Rat der Älteren in Australien, die Sarahkka Sami Frauenorganisation aus Norwegen, die Assoziation der Innuitfrauen in Kanada ... Es ist unmöglich, alle Namen und Organisationen aufzuzählen, geschweige denn, aus europäischer Perspektive zu begreifen, was sich hinter dieser Vielfalt und Fülle im einzelnen verbirgt. Aufschlüsse über das, was sie eint, gibt die Erklärung der indigenen Frauen. Sie beginnt mit den Sätzen: „Die Erde ist unsere Mutter. Von ihr bekommen wir unser Leben und unsere Fähigkeit zu leben. In unserer Verantwortlichkeit, für unsere Mutter zu sorgen, und indem wir diese Sorge ausüben, sorgen wir für uns selbst. Frauen, alles Weibliche sind Manifestationen von Mutter Erde in menschlicher Form." Aus der Perspektive der Töchter der Erde wird dann die „neue Weltordnung" angeprangert: Errichtet werde sie von denjenigen, die Mutter Erde mißbraucht und vergewaltigt haben und ihre Töchter kolonisiert, marginalisiert und diskriminiert. Die „neue Weltordnung" sei Rekolonisierung, die im Namen von Globalisierung und Liberalisierung daherkomme. GATT und WTO hätten neue Instrumente für die Ausplünderung biologischen, kulturellen und intellektuellen Erbes durch multinationale Konzerne geschaffen. Durch die Gentechnologie eigneten sie sich nun menschliche genetische Ressourcen an. Die versuchte Patentierung aller Lebensformen wird von den indigenen Frauen als „ultimative Kolonisierung und Kommodifizierung (Verwandlung in Waren) von allem, was für uns heilig ist" betrachtet. „Für uns indigene Völker ist es ein Imperativ, uns ihnen in den Weg zu stellen, denn ihr Versuch bedeutet noch mehr Ethnozid und Genozid für uns. Er wird zum Verschwinden der vielfältigen natürlichen und kulturellen Ressourcen in dieser Welt führen, die wir gehütet haben. Er wird die weitere Erosion und Zerstörung unseres indigenen Wissens, unserer Spiritualität und Kultur bewirken. Er wird die Konflikte auf unserem Land und in unseren Gemeinschaften verschärfen und unsere Vertreibung von unseren angestammten Territorien beschleunigen."

Abgeleitet werden daraus Forderungen an die Vereinten Nationen und an Regierungen, wie die nach Anerkennung des Rechts auf eigene Kontrolle der Artenvielfalt in den indigenen Territorien und nach einem Stop für die Patentierung von Lebensformen. Aber auch nicht-indigene Frauenorganisationen sind gefordert, mit indigenen Frauen in einen Dialog zu treten und einen Solidaritätsplan zu erstellen.

Befreiung vom Monokulturellen

Abschließend soll noch ein Offener Brief, der im Vorfeld der Weltfrauenkonferenz an alle TeilnehmerInnen der „historischen Gipfel" gerichtet wurde, zitiert werden. Er wurde vom Asian Women Human Rights Council und anderen NGOs verfaßt und gibt eine Perspektive auf die Globalisierung wieder, die weit über diese hinausführt:

„Viele vergessen, daß es dieselben alten Modernisierungstheorien der siebziger Jahre sind, die uns da in neuer Verpackung serviert werden. Zum Traurigsten an modernen Gesellschaften gehört, daß sie so schnell vergessen. Die Hightech-Informationsgesellschaften glauben, sie müßten sich nicht länger selbst erinnern; die Macht von Zeitzeugen wird massiv abgewertet. Denn Zeitzeugen erinnern sich, während Computerchips nur Informationen speichern. Man muß die freche Selbstüberschätzung der ,High Information'-Gesellschaften angreifen, zu denen sich beispielsweise die USA rechnen. Schon ihre Entstehung war ein Akt des Völkermords und ihre offizielle Zukunft ist ein einziges riesiges Projekt der Homogenisierung, genannt ,Globalisierung'. Solch eine Dummheit und Überheblichkeit müssen herausgefordert werden. Wes Jackson hat das mit seiner Feststellung getan, daß ,Amerika mehr Information verloren hat, indem es das Land entvölkerte, als es durch all die Wissenschaft und Technologie im gleichen Zeitraum gewann'. Eine Gesellschaft, die 160 Apfelsorten auf gerade mal fünf reduziert, ist eine Gesellschaft mit niedrigem Informationsgehalt (low information society). Ein globaler industrieller Prozeß, der innerhalb einer Stunde eine ganze Spezies auslöscht, ist ein Prozeß der Niedriginformation. Die größte Errungenschaft des offiziellen 20. Jahrhunderts besteht in der Monokultur des Bewußtseins. Die Amerikanisierung des Lebens, die grüne Revolution oder die Präsentation von unterworfenen Kulturen im Museum – all das sind Facetten von ein- und derselben Sache.

Laßt uns zum Schluß darüber klar werden, daß die Genozide unserer Zeit sich nicht mit Hilfe einer in sich geschlossenen Rhetorik – den Denkmodellen von Utopien und Ideologien –, sondern durch den Keynesianismus wertneutraler Konzepte vollziehen. Die Globalisierung tötet antiseptisch und benötigt dazu nicht einmal einen weißen Kittel. Brüssel, Genf und Tokio sind die Heimstätten zukünftiger Völkermordprojekte. Wir brauchen neue Arten des Träumens, Redens, der Intuition und des Wissens, um eine Welt zu heilen, in der die Bürokraten sogar wissenschaftliche Erfindung domestiziert haben.

Der Kampf in diesen letzten Jahren des ausgehenden 20. Jahrhunderts muß ein Kampf darum sein, uns von den ‚Experten', der ‚Effizienz', dem ‚Fortschrittlichen', dem ‚Monokulturellen' zu befreien. Zugleich müssen wir danach streben, die Imaginationskraft unserer Demokratien umfassender zu machen. Vor dieser Aufgabe stehen heute alle, die sich der Globalisierung widersetzen wollen. Wenn die zukünftigen Gipfel – wie der in Beijing – sich damit nicht auseinandersetzen, werden sie wie Rio, Stockholm, Wien und Kopenhagen provinzielle Ereignisse bleiben. Jedes Kinderlachen, jede Erzählung einer Hebamme, jede Ernte wird von tieferer Bedeutung sein."

Die ExpertInnen, die Effizienz, das Fortschrittliche dominierten allerdings den offiziellen Pekinger Gipfel. Grundlegende Kritik an dem bestehenden Wirtschafts- und Gesellschaftssystem und die Entwicklung alternativer Visionen blieb Sache der NGOs. Die Vielfalt ihrer Blickwinkel auf die Globalisierung, die hier nur ausschnittsweise dargestellt werden konnten, spiegelt die Komplexität und Vieldimensionalität der Unterdrückungsverhältnisse in der heutigen Welt – und die Vielgestaltigkeiten der Bewegungen für Freiheit.

Das Projekt der Homogenisierung im Zuge der Globalisierung hält die Mannigfaltigkeit menschlichen Seins nieder, dämmt sie ein, vernichtet sie. Die Welt wird an ein totalitäres Bild angeglichen, die nicht zur dominierenden Kultur gehörenden Lebensformen werden verdrängt, ausgegrenzt, ausgebeutet, entwertet, erniedrigt. Dennoch sind die heutigen Gesellschaften – als Ergebnis einer langen Geschichte von freiwilliger oder erzwungener Migration – weniger denn je monokulturell und ethnisch homogen. Die Globalisierung als Endphase der Internationalisierung bringt die Menschen in atemberaubend schnellen Rhythmen zusammen und trennt sie wieder voneinander. Menschliche Verschiedenheit vervielfacht sich durch die Vermischung und wird zur verbindenden kollektiven Erfahrung. Die Macht des sich globalisierenden Unterdrückungssystems kann das ‚Differente' und dessen gleichberechtigte Existenz fortwährend diskriminieren und zu zerstören versu-

Kundgebung gegen Neoliberalismus

chen. Sie kann dennoch nicht verhindern, daß aus der Vielfalt eine kulturübergreifende, ganzheitliche Konzeption des Kampfes für soziale Gerechtigkeit entsteht. Das war die eigentliche Perspektive, die in Huairou aufschien.

Vielfalt: die Sprache anderer Weltsichten

Zerfranst, zerfahren, zersplittert?

Nichtregierungsorganisationen sind gesellschaftsfähig geworden. Auflagenstarke Zeitungen und Nachrichtenmagazine in Deutschland haben sie seit dem Erdgipfel in Rio, spätestens jedoch seit dem Kairoer Weltbevölkerungsgipfel und der Greenpeace-Aktion gegen die Ölplattform Brent Spar als Thema entdeckt. Obwohl jedoch Frauen in der Bewegung der Nichtregierungsorganisationen eine treibende Kraft sind, werden die Diskurse über sie im Norden von männlichen Intellektuellen geprägt.

Die durch Geschlechtsblindheit entstandene Wahrnehmungslücke zu schließen, haben die Journalistinnen, die an der Weltfrauenkonferenz und dem Forum teilnahmen, versäumt. Sie haben die Debatte über Rolle und Bedeutung der NGOs nicht aufgegriffen, statt dessen sich im wesentlichen auf den Verhandlungsverlauf der Regierungskonferenz und die Kritik an chinesischen Kontrollmaßnahmen beschränkt. Das Feld der internationalen Politik blieb den Männern überlassen. Nach der Weltfrauenkonferenz wußte die Leserin in Deutschland nach wie vor weitaus mehr über Lady Di, über ihre Depressionen, Einsichten und Ambitionen als über die Inhalte und Ziele internationaler Frauenorganisationen. Und erst recht hatte sie nichts über die Vielfalt erfahren, die das Bild in Huairou prägte.

Dafür ernteten die Journalistinnen nach Beijing „Prügel" aus den Reihen der von der Berichterstattung frustrierten deutschen Feministinnen, die nicht einmal ihre minimalste Erwartung erfüllt sahen, aus den Medien zu erfahren, worum es in Huairou ging, worüber diskutiert wurde. Die Schelte war mindestens zum Teil unberechtigt – ist doch internationale Frauenpolitik in der deutschen Frauenbewegung allgemein nicht mehr als ein Randthema; zudem hatten im Vorfeld viele Medienvertreterinnen und freie Journalistinnen Kämpfe mit Redaktionen, Programmdirektoren und Sponsoren durchzustehen, um die China-Reise überhaupt durchzusetzen. Und das Feld der internationalen Frauenpolitik in China war glitschig, im wörtlichen und übertragenen Sinne: Unter nässetriefenden Zeltdächern und auf wasserüberfluteten Wegen ließ sich für die meisten deutschen Journalistinnen so etwas wie „Politik“ kaum ausmachen. Viele flüchteten sich in die Hallen der offiziellen Konferenz. Sie boten Schutz vor Regen wie auch vor schwer erfaßbaren Diskussions- und Vernetzungsprozessen.

Mit diesen Prozessen taten sich auch die deutschen Teilnehmerinnen schwer. An dem Nachmittag, als das Forum seine Pforten schloß, harrten auf dem Kuumba Stage, dem größten freien Platz innerhalb des Forumsgeländes, die Frauen aus aller Welt mit aufgespannten Schirmen auf Stuhlreihen aus; der Himmel war grau, es war kalt, die Reden und kulturellen Darbietungen der Schlußzeremonie fanden im Regen statt. Dennoch sah ich um mich herum keine entnervten, aggressiven Gesichter. Die Frauen wirkten entspannt, zufrieden, erfüllt von stiller, manchmal auch lebhafter, fröhlicher Aufmerksamkeit. Es war eine Atmosphäre des Friedens, des Übereinklangs mit sich selbst und der Welt, trotz aller Unbilden. Überhaupt lag während des gesamten Forums über der Power der Frauen aus aller Welt ein Gefühl der Freundlichkeit und Freude, das die Schwere der Probleme, die auf den Tisch kamen, durchdrang. „Wir befaßten uns mit der Genitalverstümmelung von jungen Mädchen in Afrika und mit der Stellung von Wohlfahrtsempfängerinnen in den Vereinigten Staaten, und obgleich das harte Themen sind, war da diese spezielle Freudigkeit“, beschrieb eine Teilnehmerin aus Hawaii im Rückblick ihre Forumserfahrung. Ausgenommen von dieser beschwingten, freudvollen Atmosphäre waren allerdings in gewisser Weise die weißen Europäerinnen. Die Aktivitäten im ECE-Zelt, dem Zelt der europäischen und nordamerikanischen Region, wirkten im Vergleich mit anderen eher müde. Das galt auch für die Präsenz der Deutschen.

Zwar fanden jeden Tag um die Mittagszeit Veranstaltungen vor vorwiegend deutschem Publikum statt, die von den Mitgliedsverbänden des Deutschen Frauenrats gestaltet wurden, und das NRO-

Claudia Nolte besucht den Deutschen Frauenrat und stellt sich den NGO-Teilnehmerinnen

Frauenforum rief ein tägliches Treffen ins Leben, bei dem die Teilnehmenden sich austauschen und über die Vorgänge bei der Regierungskonferenz informieren konnten. Auch ein – durch politischen Druck im Vorfeld zustande gekommener – Besuch von Ministerin Claudia Nolte im ECE-Zelt stieß auf reges Interesse: Die kritischen Fragen an die Ministerin wollten nicht abreißen. Und das blieben nicht die einzigen positiven Forumserfahrungen: Lesben genossen die Sichtbarkeit lesbischer Lebensweise durch laute Lesbendemonstrationen und Beiträge bei zahlreichen Großveranstaltungen. Kirchliche Vertreterinnen berichteten von interessanten Begegnungen und produktivem Arbeiten in Workshops oder führten sogar selbst kleinere internationale Veranstaltungen durch. „Basisfrauen“, wie beispielsweise den Vertreterinnen von Mütterzentren, war Spaß anzumerken. Hörfunkjournalistinnen sammelten eifrig O-Töne und berichteten abends im Hotel in lebhaften Runden über ihre „Ausbeute“. Einige international erfahrene weiße deutsche Frauen bewältigten das Geschehen professionell, Kamerateams oder Interviewer im Gefolge. Und ostdeutsche Frauen zeigten sich sehr motiviert und interessiert und stürzten sich mit Elan in das Geschehen. Insgesamt jedoch wollte sich unter den deutschen Frauen das starke Zusammengehörigkeitsgefühl und die sprühende Intensität, die die Frauen der übrigen Regionen für alle sichtbar miteinander teilten, nicht einstellen. Und auch von der bei dem Forum herrschenden Begeisterung über die internationale Vernetzung wurden sie nicht recht erfaßt.

Häufig äußerten deutsche Teilnehmerinnen Gefühle der Frustration, Überforderung, Leere, Depression – obwohl auch sie gleichzeitig in den Bann des multikulturellen Geschehens gezogen waren. Aber sie fanden ihren Platz darin nicht, kamen sich ausgeschlossen und nutzlos vor. Mehr als einmal fiel der Satz: „Das ist ja wie bei einer riesigen Frauenwoche!“ Diese Aussage meinte: Wir hatten etwas Begeisterndes, Berauschendes, Mitreißendes erwartet. Nun müssen wir mühselig von Veranstaltung zu Veranstaltung wandern und entdecken doch nirgendwo dieses Großartige, das wir uns erhofft hatten. Die große neue Erkenntnis fanden deutsche Frauen in Huairou nicht. Auch das enthusiastische Gefühl des Beisammenseins mit Tausenden toller Powerfrauen aus aller Welt blieb aus.

Entsprechend negativ waren die Deutungen des Geschehens durch diejenigen der schreibenden Zunft, die in Huairou ausharrten oder das Forum sporadisch aufsuchten. Einige Zitate aus einigen überregionalen deutschen Zeitungen mögen dies verdeutlichen: Das Forum sei eine „Spielwiese“ für die Frauenorganisationen gewesen. „Die NGO-Frauenkonferenz hat wenig zuwege gebracht.“ „Gemeinsame Frauenpolitik: Fehlanzeige.“ „Es hat noch keine Weltfrauenkonferenz gegeben, auf der so wenig gestritten und debattiert wurde, die so wenig leidenschaftlich war wie diese.“

„Das NGO-Forum wirkt zerfranst in seinen Inhalten, zerfahren in seiner Vielfalt, hier und da auch defensiv in seinen Vorstößen.“ In einer theoretischen feministischen Zeitschrift wurden neben positiven Aspekten (wie Freude über Verständigung, den dabei gewonnenen Mut und förmlich mit den Händen zu greifende Inspirationen) auch ein „harmonisierender Umgang mit Differenzen“, „Abgrenzungs- und Kontroversenscheu“, eine „wildwüchsige Diversität“, ein „großes Multi-Kulti-Getümmel“ diagnostiziert. Und eine entwicklungspolitische Publikation schrieb: „Die Vielfalt war zwar faszinierend, hatte aber etwas von Beliebigkeit, weil Widersprüche (außer im Streit innerhalb der Religionen) nicht benannt wurden, nicht um Gemeinsamkeiten gerungen wurde.“ So wie deutsche Mainstream-Medien zur Nachricht machten, was nicht passierte („Sicherheitskräfte griffen nicht ein!“), thematisierten deutsche Journalistinnen und Feministinnen hinterher fast unisono, was ihrer Meinung nach nicht stattgefunden hatte: politischer Streit und Strategiebildung.

Warum war das, was den einen – Forumsteilnehmerinnen aus dem Süden – als Meer der Solidarität erschien, den anderen – sprich frauenbewegten deutschen Journalistinnen – ein Meer der Vielfalt, in dem sie die Gemeinsamkeiten wegschwimmen und die politischen Aussagen in Diffusität ertrinken sahen? Von dieser Wahrnehmungsweise möchte ich mich ausdrücklich nicht ausschließen – auch ich vermißte ein Auftreten des Forums als politischer Akteur. Auch ich hätte eine gemeinsame Abschlußerklärung, ein Sprechen mit einer Stimme gutgeheißen. Doch warum lauschten wir nicht dem, was die vielen Stimmen auf dem Forum zu erzählen hatten? Warum war für uns der Dialog der Vielfalt Mangel an politischer Auseinandersetzung? Warum erzeugte die Macht der Machtlosen, die durch Unterschiede und Vielfalt Kraft gewinnt, für uns den Eindruck des Ineffizienten und Vagen? Warum interpretierten wir die auf dem Forum so spürbare Lebensfreude, die die Verbindung zu allen anderen suchte, als Harmoniesucht? Warum erschien uns zugleich das Forum, das vom Gefühl der Einheit getragen wurde, als zerfahren und zersplittert?

Das eurozentristische Modell der Begegnung

Jenseits aller organisatorischen, witterungsbedingten und sprachlichen Probleme, die die Arbeit des Forums wie auch der Journalistinnen erschwerten, sagt unsere Wahrnehmungsweise viel über uns selbst aus. Das historische Treffen von Frauen aller Kontinente an der Schwelle zum neuen Jahrtausend brachte zutage, wie unterschiedlich Frauen und Feministinnen in die Zukunft gehen werden und wie tief die Gräben zwischen der weißen deutschen Frauenbewegung und Frauen in anderen Teilen der Welt (noch) sind. Daß schätzungsweise 750 Deutsche an dem Forum teilnahmen, war ein begrüßenswertes Novum; doch erwiesen sich die inneren Blockaden für Begegnung und Austausch vielfach als stärker als Staatengrenzen, Visaverzögerung, Forumsverlegung, ausfallende Workshops und sonstige äußere Hürden.

Eine Erklärung für die Unfähigkeit zur Begegnung erschließt sich mir aus dem Nachdenken über eben jenes Wort „begegnen". Es bezeichnet sowohl Zusammentreffen und Austausch in der persönlichen Sphäre als auch konfrontatives Aufeinandertreffen in der Öffentlichkeit. Die erste Begegnung eines Liebespaars, Begegnung mit einer anderen Kultur, Begegnung mit einem Popstar, Begegnung zweier Fußballmannschaften ... Gegnerischen Vorstößen und rhetorischen Attacken muß begegnet werden. Von der großen Liebe über die Religion bis zum Feind und zum Tod gibt es kaum etwas, dem sich nicht begegnen ließe. Interessanterweise steckt in dem Begriff selbst – mithin in jeder dieser Begegnungen, von der intimsten bis zur öffentlichsten – der Wortstamm „gegen", oder auch „Gegner" – ebenso in „gegenseitig". Ein Zusammenkommen ist – so die Logik des Begriffs – nur durch Überwindung der antithetischen Natur des anderen, der anderen Seite möglich, durch die Befriedung oder wenigstens Neutralisierung von Gegensätzen.

So wie das deutsche *begegnen gegen* enthält, findet sich *counter* im englischen *encounter*, *contre* im französischen *rencontrer*, *contra* im italienischen *incontrare* und im spanischen *encontrar*. Vor meinem geistigen Auge entsteht die Vorstellung von gekreuzten Schwertern, Waffengängen und Waffenstillstandsabkommen. Erst wenn der Gegner sich als unbezwingbar, weil gleich stark erweist, kann der Pakt besiegelt und der Festschmaus eingenommen werden. Es scheint, daß alle Sprachen europäischen Ursprungs demselben Prinzip folgen, nämlich daß gegenseitiger Respekt, Offenheit oder gar Vertrauen erst nach kriegerischen Akten, nach einem Kräftemessen und dem Aushandeln von Konfliktregulierungsmechanismen möglich sind. Das waffenklirrende Ausfechten der Gegensätze von einst ist heute in der „zivilisierten" Welt zur Rhetorik geworden, zum ritualisierten Streit.

Auf diesem Hintergrund wird das in Huairou von den deutschen NGO-Frauen so übereinstimmend geäußerte Streitverlangen verständlicher. Verbleibt frau im eurozentristischen Begegnungsmodell, können ohne Disput Differenzen nicht ausgetragen, Vereinbarungen nicht getroffen werden. Ohne Beilegung von Differenzen ist es unmöglich, sich hinzusetzen, zu reden, Freundschaft zu schließen. Ohne Kontroverse läßt sich keine Harmonie herstellen. So war es möglicherweise dieses Wissen, tief verankert in der westlichen Kultur und Zivilisation und damit im kollektiven Unterbewußtsein, das die Reaktionen deutscher Teilnehmerinnen steuerte und ihr Bedürfnis nach öffentlichen Kontroversen hervorrief. Erst ritualisierte Konfliktaustragung hätte für sie – ohne größeres eigenes Dazutun – den Raum zur Begegnung geschaffen. Daß die Konfrontationen ausblieben, mußte für sie eine Verletzung verinnerlichter kultureller Regeln sein. Da in Huairou keine Chance zum kontroversen Disput bestand, bestand ihrem Empfinden nach – so ist zu vermuten – auch keine Chance, den Frauen aus anderen Teilen der Welt zu begegnen. Als Ergebnis dessen fühlten sich deutsche Teilnehmerinnen bei dem Forum in weiten Strecken ausgeschlossen vom Rest der Welt und den menschlichen Beziehungen.

Sicher hätte dem Forum ein gemeinsames politisches Handeln – so es denn tatsächlich aus einem alle umfassenden Diskussionsprozeß resultiert wäre – nicht geschadet. Angesichts der enormen Bandbreite von Gruppen und Anliegen wäre es jedoch von vielen Teilnehmerinnen als eine unzulässige Unterdrückung der Vielfalt empfunden worden, hätten die Forumsveranstalterinnen versucht, alle 30.000 Frauen auf einen Punkt, eine Aktion, eine gemeinsame Manifestation von Frauenmacht hin zu bündeln. Und was ist Frauenmacht? Die Forumsteilnehmerinnen wurden von der westdeutschen Presse hauptsächlich als Opfer dargestellt. Sie selbst hingegen empfanden sich – wie in zahlreichen ihrer Äußerungen zum Ausdruck kam – als kämpferisch und stark, bei all ihrer Friedlichkeit. Friedlichkeit und kämpferischer Elan schlossen sich für sie nicht aus, bildeten vielmehr eine Einheit. Die Power der Frauen des Südens, der indigenen und farbigen Frauen war eine „Macht, die nicht polarisiert, sondern versucht, zu harmonisieren und das Persönliche, das Politische, das Rationale und das Intuitive miteinander zu verweben, das Lyrische mit dem Logischen, das Zuhause mit der Welt“, wie die indische Frauengruppe Vimochana es im Vorfeld von Beijing formuliert hatte. Ein solcher Machtbegriff, der in Huairou von der Mehrzahl der Teilnehmerinnen praktisch gelebt wurde, war für deutsche Frauen, konditioniert auf intellektuellen Dissenz, gefangen im dualen Weltbild des Entweder-Oder, unbegreiflich. Die ganze friedfertige powervolle Vielfalt erzeugte in uns Frauen des westlichen Kulturkreises Unverständnis und Unbehagen.

Während für uns „konstruktiver Streit“ die Arbeit des Forums produktiv gemacht hätte, betonten Teilnehmerinnen aus den übrigen Regionen der Welt – einschließlich in Deutschland lebender Migrantinnen – wie wohltuend es für sie war, sich unbelastet von den alltäglichen Verpflichtungen ohne Aggressivität austauschen zu können. Für sie war gerade die von uns geschmähte Harmonie das Produktive am Forumserlebnis. Carolyn Medel-Añonuevo, eine philippinische Mitarbeiterin des Hamburger Unesco-Instituts, sagte bei einer Tagung, die die Analyse des Forums zum Thema hatte: „Die Power von Huairou bestand darin, die Wärme der Frauen zu fühlen, einander respektvoll zuzuhören, zu erfahren, daß wir trotz unterschiedlicher Lebensbedingungen voneinander lernen können, zu wissen, daß wir uns Fertigkeiten schaffen müssen, um die Welt zu verändern.“

„Diversity“: Bejahung der Unterschiede

Die Ausgestaltung des NGO-Forums – seine Fülle von Workshops und Veranstaltungen – muß auf dem Hintergrund des Konzepts der „diversity“ gesehen werden. Wenn ich hier von „Konzept“ spreche, meine ich nicht eine ausformulierte Konzeption, nicht einen für alle gültigen und von allen getragenen Gesellschaftsentwurf und auch kein fest umrissenes theoretisches Modell. All dieses wäre statisch und eindimensional, was dem Wesen von „diversity“ zuwiderliefe. Ich meine damit vielmehr ein politisches Prinzip, dessen Anwendung Bewegung erzeugt. Es liegt vielen Prozessen in unterschiedlichen Teilen der Welt zugrunde, die bei genauerem Hinsehen eine gemeinsame Richtung erkennen lassen, insofern die Konturen eines Konzepts gewinnen. Das Konzept der Vielfalt hat seine tieferen Ursachen in der Auseinandersetzung mit dem herrschenden Entwicklungsmodell und dessen destruktiver Macht. Die lebendige vielfältige Frauenbewegung in den „anderen“ Teilen der Welt ist für die Frauenbewegung im Zentrum jenes Entwicklungsmodells eine noch unangenommene Herausforderung.

Obgleich sich beide in der Theoriebildung auf Unterschiede zwischen Frauen beziehen, ist die Anerkennung der „diversity“ im Feminismus von Frauen des Südens, Women of Color und indigenen Frauen das Gegenstück zum Denken der Differenz, das den postmodernen weißen Mittelschichtsfeminismus der neunziger Jahre bestimmt. Dessen dekonstruktivistische – das heißt Konstruktionen aufdeckende – Position wendet sich gegen die grundlegende Annahme der Ungleichheit der Geschlechter. Sie bestreitet, daß die Kategorie „Geschlecht“ eine Geschlechtsidentität stiften könne – die Existenz zweier Geschlechter sei biologisch nicht vorgegeben, sondern ein soziales Konstrukt, geschaffen im gesellschaftlichen Diskurs. Die Begründerinnen der Frauenforschung in den siebziger Jahren hatten eine bestimmte Wahrheit über Frauen – ihre Sichtweise einer Gemeinsamkeit aller Frauen als Unterdrückte – verallgemeinert. Gegen den Führungsanspruch dieser einen Wahrheit setzten die Theoretikerinnen der neunziger Jahre die Erkenntnis der Differenz von Frauen und machten die

Eine Gebärdendolmetscherin übersetzt für taubstumme Frauen

akademische Wissensproduktion selbst zum Gegenstand. Die Debatten engten sich damit jedoch noch mehr als zuvor auf einen rein akademischen Kreis von Frauen ein, ohne aus der theoretischen Klärung neue Perspektiven zu eröffnen. Beschleunigt durch diese neuen feministischen Theoretikerinnen, hört das Bewußtsein von einer ungerechten Geschlechterordnung auf, tragende Gemeinsamkeit zu sein – ein Denkprozeß, der sich Richtung Selbstauflösung bewegt. Denn wenn „Frau" als gemeinsamer Nenner nicht existiert, wenn es keine gemeinsame Unterdrückungsgeschichte gibt, verlaufen sich gemeinsame politische Zielsetzungen im Nebel. Frauen können nun ganz unterschiedlich sein, die Trennlinie besteht nur noch zwischen Individuen, nicht mehr zwischen Geschlechtern. Die Demontage der Einheit führt in ein Labyrinth von Differenzen zwischen Frauen. Die dekonstruktivistische Denkbewegung verliert sich in der unendlichen Fragmentierung und Zersplitterung, schließlich im Nichts.

Demgegenüber ist das Konzept der „diversity" nicht von Verneinung der Gemeinsamkeit, sondern von Bejahung der Unterschiede gekennzeichnet. Auch im Denken von „Süd"-Frauen wird der Kategorie „Frau" – selbst der Kategorie „Dritte-Welt-Frau" – ein imaginärer Status zugewiesen. Denn die Vielfalt von Erfahrungen in komplexen, vielschichtigen Unterdrückungsverhältnissen läßt sich nicht unter eine Definition fassen und unterordnen: Neben dem Geschlecht spielen „Rasse", Klasse, Sexualität, Nationalität, Religion, Alter, Behinderung eine Rolle, um nur einige zu nennen. Die Kategorie „Frau" als ausschließliche wird dieser Wirklichkeit nicht gerecht. Der Blick darauf bleibt jedoch nicht bei der Feststellung von etwas Nicht-Existentem stehen: das Imaginäre bedeutet zugleich Imagination und Zielvorstellung. Mannigfaltige Feminismen, die sich als kaleidoskopartige Fragmente um die Kategorie „Frau" herumgruppieren, sollen sich zu einem Ganzen verbinden – im Prozeß von Koalitionen, nicht von Opposition gegeneinander (Supriya Akekar, 1995). Entstehen soll dabei eine Macht, die Unterschiede nicht fürchtet und deswegen nicht leugnet, sondern durch sie an Kraft gewinnt, eine unterstützende, verstärkende, einschließende Lebenskraft (vgl. Vimochana 1995).

Auf der Reise durch Zeit, Raum und Regionen: das fragmentierende Denken überwinden

Die neuen emanzipatorischen Theorien des Südens lösen sich von dem Anspruch der „einen" Wahrheit ab zugunsten vieler Wahrheiten und schaffen dabei zugleich die Idee einer Gemeinschaft, die sich nicht aufgrund des biologischen Geschlechterunterschieds, sondern durch politisch-soziale Kämpfe herstellt: „Bei all unserer Vielfalt sind wir gebunden durch die gemeinsame Verpflichtung für eine qualitativ verbesserte Zukunft für die Lebenden und die Ungeborenen. Denn wir als Schwarze Frauen erkennen, daß wir in überproportionalem Maße Opfer der Weltwirtschaftordnung, von Umweltzerstörung, Krankheit und Drogen sind. Und als interkontinentale Bewegung Schwarzer Frauen wissen wir, daß unsere individuelle und kollektive Stärke uns vielerlei Grenzen überwinden läßt, indem wir uns verknüpfen und unsere Bande zueinander hegen – seien wir indigene Frauen, Frauen des Südens, Frauen des Nordens, rassistisch unterdrückte Frauen, Frauen ethnischer Minderheiten, Immigrantinnen, Wanderarbeiterinnen, ländliche Frauen, Flüchtlinge, Frauen unterschiedlichen Alters, mit vielfältigen persönlichen Geschichten, unterschiedlichen Religionen und Ideologien sowie unterschiedlichen sozialen Klassen und Kulturen zugehörig." Dieser weltweite Prozeß des Sich-Verbindens wendet sich gegen das bestehende Weltsystem und nährt sich aus dem Glauben an die eigene Fähigkeit, „dauerhafte und global verantwortungsbewußte ökonomische, politische, soziale und kulturelle Strukturen zu schaffen, die uns in die Lage versetzen, unser Schicksal zu bestimmen" (McLaughlin 1995).

Die muslimische Feministin Mahnaz Afkhami sprach 1993 bei der Wiener Menschenrechtskonferenz von der Notwendigkeit eines globalen Feminismus, der in der Lage sei, durch Zeit, Raum und Regionen zu reisen. Alle erfolgreichen Diskurse seien so verlaufen: Sie hätten die Ideen der Einheimischen aufgenommen und sich dynamisch vermischt, und das habe jede Kultur, die davon betroffen war, bereichert. „Feminismus kann so etwas sein, das die Kulturen durchschreitet, das Zeit und Staatengrenzen überschreitet und die Vielfalt all dessen, was es transzendiert, in sich aufnimmt. Feminismus kann lernen, lehren und interagieren. In diesem dynamischen Prozeß kann er etwas bringen, das für jede/n besser ist." Nicht die Analyse von Diskursen, die „Wirklichkeit" konstruiert haben, steht im Mittelpunkt, sondern ein Dialog über alle Grenzen hinweg, eine kulturelle Konversation, die neue historische Wirklichkeit hervorbringt.

Die die Kulturen und Gesellschaften transzendierende Bewegung besinnt sich auf alle zur Verfügung stehenden Quellen der Kraft – nicht zuletzt auf die Weltsichten alter und indigener Kulturen, deren Visionen und Kosmologien. Sie besinnt sich auf das, was die westlich-patriarchale Auffassung von Macht – die Macht der Sieger, die Macht, andere zu kontrollieren und zu manipulieren – an den Rand gedrängt hat: auf die in alten Kulturen existierenden Konzepte von weiblicher, nicht-hierarchischer Macht. Sie tritt aus dem Bannkreis patriarchalen Denkens heraus, lehnt dessen eindimensionale Machtdefinitionen ab, findet neue Wege der Macht: „Macht, die Welt neu zu benennen, aus Weltsichten, die nicht-modern sind.“ (Kumar-D’Souza 1995; siehe auch McLaughlin 1993) Durch schöpferische Anerkennung und Bewahrung, aber auch durch Verschmelzung der Unterschiede will sie zur verändernden globalen Kraft werden. Grundlagen ihres Entwicklungsprozesses sind positive Bestärkung des Selbstwertes, grenzüberschreitende Solidarität und eine ganzheitliche Betrachtungsweise, die das fragmentierende Denken westlicher Kultur überwindet.

Das Denken, das teilt und herrscht, setzte sich durch im Projekt der westlichen Aufklärung. Besitzender Individualismus und der Nationalstaat als sein Garant verdrängten und vernichteten ältere Ordnungen, die Gemeinschaftlichkeit und den Respekt vor Frauen, der Natur und der Schöpfung betonten. Heute wird das Verdrängte, Zerstörte wieder ans Licht geholt: „Fragmente der Geschichte werden jetzt langsam erzählt. Durch die zerschnittenen Lippen, durch die Stille. Frauen auf der ganzen Welt heben ihre Stimme …“ (Corinne Kumar-D’Souza). Die vom dominanten Diskurs unterdrückten und verschütteten Teile werden wieder sichtbar. An Stelle des Subjekts der Aufklärung, das sich selbst zum Zentrum setzte und für allgemeingültig erklärte und das weiß und nach wie vor vorzugsweise männlich ist, tritt die Pluralität von Frauen und Frauenbewegungen aus aller Welt.

Wollte die westliche Frauenbewegung auf den Prozeß der Herausbildung einer internationalen Gemeinschaft von Frauen reagieren, müßte sie tun, was als Möglichkeit in den postmodernen akademischen Diskussionen schlummert und wahr werden könnte, würde nach vorne anstatt hin zum toten Ende der Zersetzung und des Zerfalls debattiert … Hielte der westliche Feminismus die Spannung aus, die durch die Auflösung gewohnter Muster entsteht, könnte Raum für neue Denkweisen eröffnet werden: „Denken der Differenz heißt: Nicht identifizieren und nicht in-eins-setzen, das Andere, das Ausgeblendete und Ausgegrenzte und das Verschiedene, die Vielheit als notwendigen Plural zu respektieren, heißt Auflösung des Ursprungsdenkens und heißt: nicht herrschen. Es heißt, Einheiten und Identitäten auflösen, die immer ausschließenden und keineswegs nur beschreibenden Charakter haben (Nation, Volk, „Rasse“, Geschlecht etc.): das große Wir, das weiße Wir, das unverwüstliche Wir, das Wir, das sich durch Diskriminierung des Anderen, des Nicht-Wir konstituiert.“ (Thürmer-Rohr 1995) In diesem Zitat müßte das Wörtchen „heißt“ durch „kann heißen“ oder „könnte heißen“ ersetzt werden, gibt es doch nur eine mögliche Richtung an, die bislang nicht eingeschlagen wurde.

Kontinentübergreifendes „Empowerment“

Aus der Dekonstruktion könnte eine neue tragende Vision entstehen. Vorerst jedoch wütet sie als Destruktion. Während die westliche weiße Frauenbewegung krankt und darniederliegt vom Sich-Spalten, Sich-Teilen in Individuen, versuchen die anderen sich am „Connecting across Cultures and Continents“, dem Verknüpfen von Wissen, Weisheit, Visionen von Frauen unterschiedlicher Kulturen und Kontinente. Was durch gewaltsame Kolonisierungsprozesse entwertet und zerbrochen war, soll auf neuer Stufe zusammengefügt und mit neuem Wert versehen werden: Empowerment in kontinentübergreifender Dimension.

Empowerment, das bedeutet: Starkwerden, sich selbst stärken, sich gegenseitig stärken, aber auch: die Gesellschaft verändern. Empowerment ist ein Konzept von Macht, das Macht zugleich negiert: Am Ende soll die Aufhebung aller Verhältnisse stehen, die auf Herrschaft basieren und sie fortschreiben.

Traditionellen Definitionen zufolge wird Macht mit Asymmetrie assoziiert und in einem Feld angesiedelt, das durch das Gegensatzpaar Dominanz und Unterordnung bestimmt wird. Macht ist letztlich die Macht zu unterdrücken. Emanzipatorische Konzepte hingegen wirken auf die Um- und Gleichverteilung von Macht hin, auf symmetrische Beziehungen. Sie beinhalten damit ein radikales Gleichheitsmoment. Problematisch wird dieses Gleichheitsmoment da, wo es nicht mehr um die Emanzipation „der“ Arbeiterklasse geht oder um die Emanzipation „der“ Frauen, sondern um eine neue historische Dimension: Emanzipation all derer, die aus diesen Konzepten ausgeblendet waren.

Indigene Frauen, Frauen des Südens, Frauen des Nordens, rassistisch unterdrückte Frauen, Frauen ethnischer Minderheiten, Immigrantinnen, Wanderarbeiterinnen, ländliche Frauen, Flüchtlinge, Frauen unterschiedlichen Alters, mit vielfältigen persönlichen Geschichten, unterschiedlichen Religionen und Ideologien, Frauen, die unterschiedlichen sozialen Klassen und Kulturen zugehören – diese enorme Bandbreite verdeutlicht, daß es hier zunächst nicht um die eine Emanzipation gehen kann, sondern viele unterschiedliche Emanzipationsprozesse zusammenkommen müssen. Die notwendige Betonung der Unterschiedlichkeit, der „diversity", der vielen Emanzipationen aber überwindet das Moment der Gleichheit. Denn Gleichheit bedeutet aus dieser Perspektive immer auch: Gleichmacherei, Nivellierung der Unterschiede, Ausmerzen dessen, was „ungleich" ist, Dominanz eines Bildes, eines Modells. Bedeutet Ausschluß statt Einschluß, in der Konsequenz: wiederum Unterwerfung unter ein Wir, das sich durch Diskriminierung der anderen konstituiert.

„Empowerment" – als Emanzipation nicht von oben, sondern von unten her, nicht übergestülpt, sondern selbst getan – trägt diesem Problem in gewisser Weise Rechnung. Arme Frauen, Frauen des Südens befähigen sich selbst dazu, Macht innezuhaben und auszuüben. Sie versetzen sich in die Lage, Macht zu definieren und damit auch Wirtschaft und Gesellschaft. Sie schaffen sich das Vermögen, ihr Leben zu gestalten und damit die Welt. So war es gedacht, als das Konzept bei der letzten Weltfrauenkonferenz 1985 von dem Süd-Netzwerk DAWN vorgestellt und von den Teilnehmerinnen des damaligen NGO-Forums begeistert aufgenommen wurde. Die Ausweitung jedoch auf all die vielen Frauen aller Erdteile in ihrer unübersehbaren Fülle und Vielfalt ist nur möglich, wenn der Rahmen tatsächlich ein transkontinentaler wird, tatsächlich ein weltgesellschaftlicher, tatsächlich die ganze Welt. Erst dann ist „Wir" groß genug, all den Unterschieden Platz zu bieten, ohne auszugrenzen. Und ohne daß sie sich gegenseitig vernichten.

Im globalen Maßstab eine nicht-destruktive Grundlage für die menschliche Interaktion zu schaffen, ist für die Bewegung der neunziger Jahre vorrangiges Ziel. Das Auskämpfen der Unterschiede tritt dahinter zurück. Streit um Meinungen und Positionen könnte den einen Macht geben und die anderen an die Wand oder aus dem endlich gefundenen Wir herausdrängen. Besser ein Wir ohne Grenzen, ein Wir ohne Abgrenzung und Umgrenzung, ein Wir der verwirrenden Vielfalt – als wiederum neue Brüche und Trennungen oder eine künstliche Homogenität. Das Nebeneinander der Vielfalt ist wichtiger als das Austragen von Konflikten, erwächst aus ihm doch die Chance zum Miteinander. Eine politische Kultur soll entstehen, das sicher – aber eine Kultur der Koalitionen und Allianzen, nicht eine Kultur der Profilierung und des Streites. Gefochten, gestritten, heiß gekämpft wird an den Rändern – da wo die aus den interkontinentalen Netzwerken hervorgegangenen Lobbyistinnen auf das Bestehende, das Establishment, die eigenen Regierungen, die Vereinten Nationen, die westlichen Interessensverbünde treffen. Bei aller Professionalität, die sich die Vertreterinnen der internationalen Frauenbewegung(en) in der Einflußnahme auf das politische Geschäft inzwischen angeeignet haben – auch bei aller Gefahr zur Entfernung von der Basis – darf nicht übersehen werden, was ihnen den nötigen Untergrund und Rückhalt gibt: die globale „diversity“, die historisch aus dem Schatten der Unterdrückung heraustretende Vielfalt. Keine klar umrissene Figur – vergleichbar mit der Arbeiterbewegung, der (westlichen) Frauenbewegung, diesem oder jenem nationalen Befreiungskampf – sondern etwas, das erst noch an die Oberfläche drängt, das sich erst noch formt und Gestalt annimmt, das erst noch wächst und wird, und dessen Artikulation die nötige Schärfe vermissen läßt – mindestens für westliche Ohren.

Allianzen für welche Ziele? Über die historische Bindung von Begriffen

Die westliche Fähigkeit, etwas zu verstehen, oder auch nur wahrzunehmen, das breiter und tiefer ist als die bisherigen Emanzipationsmodelle, ist begrenzt. Für uns war in Huairou nur die Oberfläche sichtbar, eine uns erschlagende Fülle und Vielfalt, die uns inhaltlos erschien, weil sie zwar kritisch über die Globalisierung sprach, aber keine ausgearbeiteten Modelle und Alternativen dagegensetzte, und weil sie nicht in eine gemeinsame politische Erklärung oder Aktion mündete. Vielleicht war es auch einfach der Kontrast zwischen dem, was benannt wurde – Armut, Rassismus, Konservatismus im globalen Maßstab – und der Friedlichkeit der Forums-Teilnehmerinnen. Der Selbstgenügsamkeit, mit der sie ihre Kundgebungen am Eingangstor durchführten und in den Zelten beisammensaßen und redeten. Die Tiefe dieser Austausch- und Vernetzungsprozesse blieb uns verborgen, wir schauten von außen auf immer wieder wechselnde Konstellationen von Frauen, die wir nicht identifizieren konnten, an deren Gesprächen wir nicht beteiligt waren und deren Leben und Gedanken uns fremd blieben.

Die Vielfalt, sie erschien uns chaotisch und diffus, und die Begriffe schwammig. Die meisten davon, mit denen die NGOs bei dem Forum ihre Visionen der Welt ausdrückten, kennen wir aus hiesigen Debatten: Demokratie, Zivilgesellschaft, politische Partizipation, Pluralität, Toleranz, Menschenrechte. Andere gehören längst zum Vokabular der UN-Konferenzen: allen voran die nachhaltige, menschenzentrierte Entwicklung. Und manche sind kaum ins Deutsche zu übertragen: so das beim NGO-Forum in Huairou oftgehörte „Governance". Regierungsfähigkeit, so wird es manchmal übersetzt. Die NGO-Frauen stellen sich unter „Good Governance" Regierungen vor, die wirklich demokratisch und nicht korrupt sind, die für das Volk regieren und mit ihm, die seine sozialen Belange an die erste Stelle setzen und die durch die Einbeziehung von Nichtregierungsorganisationen und den Willen der Basis legitimiert sind. Eine gute Regierung funktioniert von unten nach oben statt von oben nach unten. „Good Governance" aus

Sicht der Frauen heißt nicht nur: Mehr Frauen in politische Machtpositionen, sondern auch: Was passiert in diesen Positionen, wie nutzen die Frauen ihren Einfluß, um Institutionen zu transformieren, die von Männern für Männer gemacht wurden? „Good Governance“ heißt – so erklärt es Cheryl Carolus, eine hochrangige ANC-Vertreterin – Bekenntnis zum Wandel und zur Veränderung. „Veränderung ist etwas Positives, nicht nur Zerstörung der alten Ordnung, sondern Errichtung einer neuen“, sagte sie bei einer Forums-Veranstaltung mit Blick auf Südafrika. Die politische Freiheit, die durch die moderne südafrikanische Verfassung gegeben sei, müsse in reale Freiheit umgewandelt werden – und dafür brauche es nicht nur Gesetze, sondern eine starke Zivilgesellschaft.

Für unsere Ohren haftet derlei Vorstellungen wenig Utopisches an – bestenfalls empfinden wir sie als idealistisch, moralisch, naiv ... Demokratie ist für uns die bürgerlich-parlamentarische, gebunden an die bestehende Wirtschaftsweise und an den Nationalstaat, der im Zuge der Globalisierung sich immer mehr den Spielregeln anpassen muß, die die multinationalen Konzerne setzen. Konjunktur hatte der Begriff „Demokratie“ in den Zivilgesellschaftsdebatten, die auf den Zusammenbruch des real existierenden Sozialismus folgten; diese Debatten waren allerdings allzuoft Romantisierungen des real existierenden Kapitalismus, als unhinterfragte Grundlage für eine bessere, humanere, partizipativere Staatsversion. Ist es das, was die NGOs wollen?

„Wir sind der Nukleus der globalen Zivilgesellschaft“ – mit diesem Selbstverständnis und Selbstbewußtsein präsentierten sich NGO-Vertreterinnen aus unterschiedlichen Weltregionen bei den Großveranstaltungen in Huairou. Hinter der von den Vereinten Nationen vorgegebenen Bezeichnung „Nichtregierungsorganisationen“ aber verbargen sich die Frauenbewegungen aus aller Welt. Und hinter der Vorstellung einer weltweiten Zivilgesellschaft wurde die Bewegung der vielfältigen Feminismen sichtbar. Im Prozeß ihres Entstehens muß diese neue historische Figur ihre Begriffe, die Wirklichkeit konstituieren, erst herausbilden. Konturen zeichnen sich ab: gemeinsame Zielvorstellung ist die „Transformation“, der globale Wandel. Transformation meint:

Verteidigung der Bürger- und Menschenrechte *und* zugleich Schaffung eines neuen Rahmens für Menschlichkeit und Würde; Feminisierung der politischen Institutionen *und* Errichtung einer neuen ökonomischen und sozialen Ordnung; Bewahrung kultureller Vielfalt *und* Herausbildung einer neuen globalen Kultur als Grundlage für menschliches Leben auf diesem Planeten. In diesen Denkbahnen bewegen sich die politischen Zielsetzungen derer, die in Huairou NGOs genannt wurden. Ihre Begriffe sind noch dabei, sich zu formen, ebenso wie die Bewegung der Vielfalt selbst. Irgendwann wird das Schlagwort der „Zivilgesellschaft" vielleicht durch eine andere, bessere, dieser Bewegung gemäßere Begrifflichkeit ersetzt werden.

Bis dahin ist wichtig festzuhalten, daß in Huairou nicht westliche Professoren über die Zivilgesellschaft redeten, sondern die Akteure der Zivilgesellschaften selbst über ihre Zukunftsvorstellungen. Und daß diese Akteure aus Produktionsweisen und Gesellschaftsformen kommen, die nur bedingt an das westliche System von Produktion und Konsum gebunden sind. Denn bei aller Weltmarktintegration ist nicht zu übersehen, daß es Gewinner und Verlierer dieser besonderen historischen Wirtschaftsweise gibt. Und daß der Einbindung vieler Teile der Welt in die bestehende Weltwirtschaft eine Geschichte von Raub und Zerstörung voranging.

So sprechen die Akteurinnen der „globalen Zivilgesellschaft" mit einer Weitsicht von Menschen, für die die Werte alter Kulturen noch lebendig sind und die zugleich über das Gegenwärtige hinausdenken, das ihnen keine Perspektive gibt. Sie sprechen im Namen ihrer Erinnerung, Erfahrung und Zukunft und nicht im Namen der kapitalistischen Demokratie. Sie sprechen über ethische Werte, die nicht einem speziellen System, einer speziellen Zivilisation oder Kultur entspringen, sondern eine Notwendigkeit für menschliches Dasein als solches sind. Und deswegen perspektivisch an sinnvolle Ordnungen gebunden, in deren Mittelpunkt das Wohlergehen aller Menschen und ein nicht-ausbeuterisches Verhältnis zur Natur stehen. Anstatt an ein Wirtschafts- und Gesellschaftssystem, das für einen Großteil der Menschen und die Natur Zerstörung bedeutet.

Noch ist die globale Bewegung der vielfältigen Feminismen schwach. Noch ist sie im Entstehen, noch ist der Bedarf nach Austausch und Vernetzung groß. Noch ist fraglich, ob sie sich gegen das herrschende Weltsystem wird behaupten können. Das meint nicht nur äußere, sondern auch innere Entwicklungsbedingungen: Die Anerkennung der „diversity" löst die Unterschiede nicht auf, sondern schafft lediglich Möglichkeiten der Koexistenz. Unterschiede aber sind nicht nur fruchtbar, sondern auch bedrohlich. Sie auf eine nicht-zerstörerische Art und Weise auszutragen und zu nutzen, gibt nicht nur Kraft, sondern kostet zunächst auch Kraft. Die Auseinandersetzung der die Kulturen und Kontinente transzendierenden Bewegung mit dem globalen Herrschaftssystem ist letztlich ein Aufeinandertreffen gegensätzlicher Lebensweisen: Das Bestehende muß zugunsten neuer Arten menschlichen Daseins überwunden werden. Dazu ist die Bewegung von ihrer inneren Beschaffenheit her noch nicht in der Lage. Das hat die Einhaltung der Spielregeln, die Beschränkung auf das zugewiesene Areal in Huairou gezeigt. Die große Masse der Forums-Teilnehmerinnen hat sich damit in Übereinklang mit dem eigenen Entwicklungsprozeß verhalten. Medienwirksame Schritte, in denen sich die NGO-Frauen als politischer Faktor profilierten, ließ dieser (noch) nicht zu. In das Weltgeschehen haben die NGOs nicht eingegriffen, in diesem Sinne also keine Geschichte gemacht. Dennoch war ihre demonstrative Präsenz am Ende dieses Jahrtausends ein Signal dafür, daß die Zukunft im Zeichen der Befreiung aus vielfacher Unterdrückung und Zersplitterung steht.

Literatur zu diesem Kapitel

Afkhami, Mahnaz: Beitrag zum Workshop „International Feminism: Finding Similarities, Seeking Solutions". In: epd-Entwicklungspolitik, Materialien IV/93 (in Zusammenarbeit mit der Heinrich-Böll-Stiftung): Frauenrechte – Menschenrechte. Dokumentation der internationalen Kampagne und Debatte von Frauen zur UN-Weltkonferenz über Menschenrechte

Akekar, Supriya: Theory and Practice of Women's Movement in India. A Discourse Analysis. In: Economic and Political Weekly, Vol XXX No 17, April 29, 1995

Braxton, Joanne M./ McLaughlin, Andrée (ed.): Wild Women in the Whirlwind. Afra-American Culture and the Contemporary Literary Renaissance. Rutgers University Press, New Brunswick, New Jersey, 1990

Eichorn, Cornelia/ Grimm, Sabine (Hg.): Gender Killer. Texte zu Feminismus und Politik. Berlin 1994

Kraft, Marion/ Ashraf-Khan, Rukhsana Shamim (Hg.): Schwarze Frauen der Welt. Berlin 1994

Kumar-D'Souza, Corinne: A South Wind: Towards new Cosmologies. In: Gustav-Stresemann-Institut (GSI) e.V.: „Frauen für eine neue Weltinnenpolitik". Tagungsdokumentation, GSI Schriftenreihe Band 14 (in Vorbereitung)

McLaughlin, Andrée Nicola: Schwarze Frauen, Identität und das Streben nach Menschenwürde und Ganzheit. In: Gloria I. Joseph (Hg.): Schwarzer Feminismus. Theorie und Politik afro-amerikanischer Frauen. Berlin 1993

Pala, Achola O. (ed.): Connecting Across Cultures and Continents: Black Women Speak Out on Identity, Race and Development. UNIFEM 1995

Thürmer-Rohr, Christina: Denken der Differenz. Feminismus und Postmoderne. In: Beiträge zur feministischen Theorie und Praxis 39/1995

Vimochana: Alptraum „ökonomische Frau". Indische Frauengruppen im Widerspruch zur Regierung. In: epd-Entwicklungspolitik 9/95

Von der Weltfrauenkonferenz in die globale Zukunft

Die Zukunft der Unterdrückten

Europa ist alt und mürbe geworden, wie Peter Glotz kürzlich in einem Zeitungsartikel feststellte. Und es hat Angst. Angst davor, bei den rasanten ökonomisch-technologischen Entwicklungen nicht mehr mitzukommen, den Sprung in die Zukunft zu verpassen. Der vollzieht sich gerade jetzt: Zukunft ist die Dynamik neuer Märkte, ist Datenautobahn und „Dejobbing". Unsere Zivilisation soll sich umstellen, um die Zukunft zu schaffen. Doch die Zukunft ist heute. Was kommt nach dieser Zukunft, die längst die Gegenwart ist? Zukunftsdebatten werden allerorts geführt, quer durchs politische Spektrum. Der Begriff hat Konjunktur, je weniger wir eine Zukunft haben. Besser gesagt: je zukunftsuntauglicher sich das herrschende Wirtschafts- und Gesellschaftsmodell für die Menschheit erweist. Schlechte Meldungen rund um die Uhr, nicht nur aus den Krisen- , Kriegs- und Hungergebieten: Arbeitsplätze wegrationalisiert, Universitäten überfüllt, Sozialleistungen gekürzt, das Gesundheitswesen zu teuer, der Wald bald dahin. Der Kollaps droht – wo genau, danach fragen wir schon gar nicht mehr. Warum also sollte ausgerechnet die Weltfrauenkonferenz Zukunft eröffnet haben?

Wozu all das Gerangel um die Aktionsplattform von Peking, die außer vagen Hinweisen auf die Notwendigkeit zusätzlicher Ressourcen keinerlei finanzielle Verantwortlichkeiten benennt? Um ein Dokument, dessen Beschlüsse weder völkerrechtlich noch nach nationalem Recht bindend sind? Eine nach dem Weltsozialgipfel in einer deutschen Zeitung veröffentlichte Karikatur zeigte einen ausgemergelten Armen dieser Welt, niedergedrückt von einer Riesenlast von Papierstapeln, die er auf den Rücken geschnallt trug. Und in der Tat haben die UN-Konferenzen vor allem eins produziert: ungeheure Berge von Papier. Damit hat es – wenigstens was den Prozeß der Weltfrauenkonferenzen anbelangt –

vorerst ein Ende: ein nächster UN-Frauengipfel ist nicht geplant. Sollten wir nicht froh sein, daß in Zukunft – so diese denn stattfindet – wenigstens die Papierverschwendung aufhört?

Wozu die Ansammlung der 30.000 in Huairou? Sie demonstrierten nicht auf dem Platz des Himmlischen Friedens, verfaßten auch keine gemeinsame Abschlußerklärung. Waren sie in ihrer Friedlichkeit nicht doch wie Lämmer auf der globalen Schlachtbank, zu der die Erde geworden ist? Sollten wir deswegen nicht auch begrüßen, daß keine Massen von Frauen mehr mit Langstrekkenflügen die Erdatmosphäre schädigen werden, um zum Ort eines NGO-Forums zu gelangen?

Derlei Argumente greifen zu kurz. Die Zukunft wird global sein, so oder so. Sie kann die Individualisierung und Globalisierung bis zur bittersten Konsequenz treiben, auf dem Super Highway in den Untergang, bis zum Ende aller Zukunft. Sie kann aber auch ein neues Zeitalter bringen. Auf der Schwelle zum neuen Jahrtausend muß ein Ereignis daran gemessen werden, in welche Richtung es die Weltentwicklung bewegt.

Schimmerte bei dem größten Treffen von NGOs, das es je gegeben hat, also ein neues Zeitalter auf? Zurück aus Huairou, tauschten wir – Frauen, die dort waren – Fotos aus und betrachteten Videofilme. Sie sind Momentaufnahmen eines geschichtlichen Augenblicks, Schnappschüsse von einer kleinen, nur für wenige Tage existierenden Welt. Sind sie auch Dokumente einer möglichen Zukunft? Was zeigen uns die Aufnahmen? Die Pracht der Stoffe und Wandteppiche, die kulturelle Vielfalt sticht nun, da wir sie als Detail statt als erschlagende Fülle wahrnehmen, viel mehr ins Auge. Auch die Unterschiedlichkeit der Frauen – ihre Gesichter, ihre Gesten, ihre Äußerungen – ist jetzt, da wir sie einzeln, quasi isoliert vor uns haben, viel wahrnehmbarer, identifizierbarer. Manche erscheinen mir wie alte Bekannte. Gleichzeitig rücken sie ab von mir, treiben fort von mir – so empfinde ich es, wenn ich sie auf den Fotos sehe, erstarrt im Augenblick, der doch längst vorbei ist: die Zelte längst abgebaut, das Forumsgelände längst zur Besichtigung durch die chinesische Bevölkerung freigegeben, die Frauen längst abgereist, jede zurück in ihrem Teil der Erde.

Was war Zukunft an diesem Geschehen, das nun Vergangenheit ist? Ist das die Zukunft, diese kleine Welt der Frauen, in der sie tun konnten, was ihnen am Herzen lag, unbeirrt und innerlich unbeeinträchtigt von allen Erschwernissen? Huairou war eine Spielwiese für die Frauenorganisationen, hieß es in der deutschen Presse. Wird das 21. Jahrhundert also ein Abenteuerspielplatz sein, auf dem sich die Frauen zwischen Brettern und Gerümpel, Wasser und Sand vergnügen?

Die Frauen der Welt sind durch vieles hindurchgegangen – sie haben Kriege miterlebt, sie haben vergewaltigende Soldaten überdauert, sie haben die Kinder aus diesen Vergewaltigungen ernährt und manchmal sogar geliebt; sie haben als Teenagermütter Schule und Job gleichzeitig absolviert, sie haben den Haß weißer Rassisten zu spüren bekommen und die Frauenfeindlichkeit verschiedener Fundamentalismen; sie sind dennoch nicht verzweifelt. Sie haben sich gewehrt, sie haben Peiniger überlistet, unfruchtbaren Boden fruchtbar gemacht, geschaffen, wo Zerstörung herrschte, immer wieder von vorn. Manche haben aufgegeben, aber viele haben den Glauben an das Leben nie verloren. Das galt auch für die, die wir in Huairou auf der „Spielwiese" trafen. Auch wenn natürlich nicht jede eine Krieg hinter sich hatte oder eine Vergewaltigung, so hat doch jede ihre eigene Geschichte – die eine lehrt als Schwarze an einer weißen Universität, die andere hat fünf arbeitslose Kinder, die dritte lebt im Exil, die vierte in einem ländlichen Gebiet, ihr Mann längst abgewandert in die Stadt. Alle mußten sie in ihrem Leben vieles hinter sich bringen, bevor sie nach Huairou kamen. Und so war für sie vielleicht Huairou ein Ort, an dem sie einmal nicht die tägliche Diskriminierung, einmal nicht die tägliche Apartheid, einmal nicht den täglichen Mangel erlebten, sondern ihre Not, aber auch den Reichtum ihrer Kulturen, Gedanken, Lieder, Gesänge, Freiheitskämpfe miteinander teilen konnten.

Das Forum war wie „unsere eigene Welt, in der wir unsere Arbeit erledigen konnten", sagte eine Kämpferin für ein unabhängiges Hawaii. Huairou ist daher auch ein Symbol: Für die andere

Welt, die es im 21. Jahrhundert – zwischen Cyberspace, Computerpornos, Börsenzusammenbrüchen und kriegerischen Akten – auch geben wird. Ein bescheidener Ort für unsere Begriffe, ohne Luxus, Großartigkeit, Ekstase; ein Ort, an dem Frauen sich mit entspannten Gesichtern treffen, reden, lachen und im Handeln für ein neues Zeitalter bestärken. Ein freundlicher Ort, mitten in Zeiten der Extreme, des rasenden Fortschritts, des rapiden Untergangs.

Das nächste Jahrtausend wird nicht plötzlich eine neue Entwicklung einläuten. Es wird die alte Entwicklung fortsetzen, so lange auf diesem Globus noch mit irgend etwas Profite zu machen sind, sei es mit dem Ausverkauf der Erde, Vernichtungswaffen, Telebanking oder Kinderprostitution. Doch all dieses gibt es schon. All dieses ist nichts wirklich qualitativ Neues. All dieses entstand in der langen Geschichte einer Produktions-, Konsumptions- und Denkweise, die in der heutigen Phase der Globalisierung durch Zugriff auf die letzten Ressourcen dieser Erde ihre Zukunft zu behaupten versucht. Diese Zukunft erscheint selbst den Vertretern von Wirtschaft, Industrie und Politik zunehmend ungewiß. Europa ist alt und mürbe geworden – die bestehenden Machtzentren laufen Gefahr, durch neue, dynamischere abgelöst zu werden. Aber jenseits jenes Machtkampfes um die Vorherrschaft in der globalen Ökonomie gilt, daß die Ressourcen der Welt endlich sind – der Versuch des dominanten Entwicklungsmodells, sich auf neuer Stufe zu reorganisieren, landet an einem toten Punkt. Nicht nur wächst mit jeder nächst-höheren Stufe die Entfernung zu denen, denen dieses Modell keine Perspektive (mehr) bietet. Wo technologisch in den Kern des Lebens eingegriffen wird, wo Organismen und Gene patentiert werden, wo die Struktur des Lebens selbst zum Eigentum multinationaler Konzerne gemacht wird, gibt es keinen nächsten Schritt mehr. Ein objektiver Endpunkt ist erreicht.

Die Globalisierung dringt bis in die entlegensten Winkel der Erde, überallhin, wo Wissen und Fähigkeiten, kulturelles Erbe, natürliche Reichtümer, geistige Kreativität, Arbeitskraft, Körper, Leben vorzufinden sind – um all dieses in das dominante Entwicklungsmodell aufzusaugen, damit es die nächsten Jahrzehnte überdauern kann. Aber die Zeitintervalle werden immer kürzer, die Entwicklungen immer hektischer, die Krise zum Dauerzustand. Der Fortschritt ist außer Rand und Band geraten, er hat seine Rationalität verloren. Wie im Rausch vernichtet er die Vielfalt der Formen, die Vielfalt der Farben, die Vielfalt der Arten, die Vielfalt der Traditionen, die Vielfalt der Lebens- und Denkweisen. Und kann doch die Vielfalt der Erinnerungen und Träume nicht vernichten. Seine Krise, seine Irrationalität erzeugt ein Vakuum, das er nicht zu füllen vermag. Dieses Vakuum füllt sich mit den Erinnerungen und Träumen derer, die der Globalisierung ausgesetzt sind. Ihre Leben, ihre Erfahrungen, ihre Visionen berühren einander, verbinden sich miteinander, verdichten sich, nehmen eine gemeinsame Gestalt an in diesem leeren Raum, der die Kehrseite des Fortschritts ist, so wie es kein Licht ohne Schatten gibt. In diesem Schatten und aus diesem Schatten entsteht die Zukunft der Unterdrückten.

Die Perspektiven und Positionen von Frauen in den abgelegensten Dörfern der Dritten Welt sind in direkte Kollision mit den Perspektiven und der Macht der Männer geraten, die die globalen patriarchalen Institutionen kontrollieren. Diesen Gedanken äußerte die indische Umweltaktivistin und Wissenschaftlerin Vandana Shiva in einem Papier zur vierten Weltfrauenkonferenz. Und genau das passierte in Huairou: Immer wieder wurde über die Kollision der Perspektiven gesprochen – aus dem Blickwinkel der Weltregionen, der Städte, der Dörfer. Und immer wieder fiel der Begriff der Transformation.

Transformation – das liegt jenseits des Schemas von Reform oder Revolution. Die Auseinandersetzung darum, welche dieser beiden Strategien die „richtige" sei, ist eng an die Geschichte der Arbeiterbewegung gebunden. Der Begriff der Transformation überschreitet dieses Schema, in dem die ethischen Werte indigener Kulturen, die Würde alter Menschen, der Kampf junger Frauen um Lebenschancen, die anderen Weltsichten, welche Vergangenheit und Zukunft miteinander verbinden, keinen Platz haben. Vielleicht meint Transformation einfach eine Verschiebung des Verhältnisses zwischen Schatten und Licht: Daß irgendwann aus dem Schatten tritt, was historisch vom grellen Licht des dominanten Entwicklungsmodells ins Dunkel gedrängt wurde. Daß die Ränder sich ins Zentrum bewegen. Daß die Synthese der Werte, Wünsche und Visionen derer, die durch die Globalisierung in eine gemeinsame Lage gebracht wurden, an Macht und an Konturen gewinnt. Daß sie sich im Vakuum, das das herrschende System erzeugt hat, in den porösen Strukturen des Bestehenden, im Zusammenbruch einer zukunftsunfähigen Wirtschafts- und Existenzweise ausbreitet und neue Arten des Lebens schafft.

Die Stimmen der Marginalisierten: verzerrt, aber wahrnehmbar

Von den Rändern her findet das Neue, das Weltgesellschaftliche, das Denken, das die Grenzen des Bestehenden überschreitet, finden die Perspektiven der Marginalisierten auch Eingang in unsere Gesellschaft. Trotz Rassismus, Nationalismus, Konservatismus; trotz der Technokraten, die die 68er-Generation ablösen; trotz der Verdrängung menschlicher Interaktion durch Interaktivität am Computer; trotz der aggressiven Diesseitigkeit, die die Verfaßtheit der Menschen hier ausmacht. Doch auch hier erzeugt die Perspektivlosigkeit einer nicht am Menschen orientierten Wirtschaftsweise und der Zerfall der Glaubwürdigkeit der Institutionen ein Vakuum, das danach verlangt, gefüllt zu werden. „Niemand hat heute eine Vision. Das geistige Leben scheint beklemmend leer“, klagte Marion Gräfin Dönhoff in der ZEIT. Der Satz ließe sich auch so sagen: Die die Visionen haben, sind Niemande. Auf diese Niemande besinnen sich heute einige Bewohner der entzauberten westlichen Gesellschaft. Der Verlust jeglicher „Tiefendimension“ (Dönhoff) produziert Sehnsucht nach Menschen, die diese Dimension noch haben. Unsere Gesellschaft schreit nach Visionen, Bewegung, Zukunft. Im Bemühen, das Vakuum zu füllen, schauen Intellektuelle über den Tellerrand des Nationalen hinaus, berichten über das, was sie „außerhalb“ sehen, be- und verwerten es auf ihre Weise, machen es zum Objekt des

Marktes für geistige Produkte und politische Diskurse, unterwerfen dabei das, was tendenziell eine ganzheitliche Kraft ist, den polarisierenden Denkkategorien westlicher Gesellschaft. Auf dem Weg durch die Filter des westlichen Bewußtseins verlieren die Stimmen von „außerhalb" ihre Tiefe und verändernde Macht. Dennoch sind sie da – wenn auch nur verzerrt, geschwächt, in Kategorien gepreßt, die nicht ihre eigenen sind.

In diese Kategorien passen internationale Nichtregierungsorganisationen, die auch in den Ländern des Nordens vertreten sind – und insbesondere die, die agieren wie moderne Robin Hoods – besser hinein als Grassroots des Südens. Wahrgenommen wird nicht die Fülle, die Vielfalt; wahrgenommen werden die Akteure, die Aktionen, die Organisationen. Sie finden Eingang in unser Bewußtsein als Objekte kontroverser Debatten, ohne die auf dem Meinungsmarkt nichts geht. Die Debatten werden zu Fragen wie diesen zugespitzt: Verkörpern NGOs die dritte Kraft zwischen Markt und Staat, die neue Internationale, die Macht der Mutigen, die Revolution der Barfüßigen? Oder machen sie sich häßlicher Laster schuldig, wie Unterschlagung, Nepotismus, Operieren mit geschönten Zahlen über die angeblich erreichten Armen, Abhängigkeit von westlichen Geldgebern? Erobern sich Politik und Moral die Priorität gegenüber der Expertenrationalität – oder handelt es sich um einen Feldzug der Moralisten, um einen Aufstand der Scheinheiligen? Arbeiten die NGOs kosteneffizient und ressourcenteilend in „Verbundsystemen der Problemverarbeitung" – oder unterliegen sie den Gefahren einer vorschnellen Vernetzung? Mal effizient, mal illusionsbehaftet; mal Avantgarde der Weltbürger, mal Produkte des Westens; mal Hoffnungsträger für eine menschenwürdige Zukunft, mal Ökochonder in Endzeitstimmung … Kein Für ohne Wider – das beflügelt den medialen Diskurs ebenso wie den wissenschaftlichen. Und dämmt die Hoffnung gleich wieder ein, relativiert sie, stellt sie in Frage, zeichnet sie als möglichen Betrug, als wahrscheinliche Täuschung, noch bevor sie sich in die Herzen der Metropolenbewohner einnisten konnte. Infolgedessen tötet das nach Visionen hungernde Bewußtsein die

Sehnsucht und schottet sich ab, um der Ent-Täuschung zuvorzukommen.

Und doch gelangt über die Diskurse, über die Medienberichte mühsam eine Ahnung von Zukunft hierher. Die Koordinaten des Bewußtseins, die wir für unverrückbare Fixpunkte hielten, geraten in Bewegung. Zum Beispiel beim Verhältnis zwischen Bevölkerung und Staat. „Rio? Ich sag' nur: Karneval. Kopenhagen? Tagelang sind sie mit ihren dicken Karren durch Kopenhagen gebraust, daß es nur so rauschte. Aber hübsch war's doch, mit den vielen bunten Fähnchen an den Kotflügeln ... Und bei Blüms in Bonn werden jetzt pausenlos Ergebnisprotokolle fotokopiert." So der Tenor des Kommentars einer Frankfurter Obdachlosenzeitschrift zum Erdgipfel in Rio 1992 und dem Weltsozialgipfel in Kopenhagen 1995. Der Gedanke einer Vernetzung der Wohnungslosen hier mit denen, die sich international gegen Umweltzerstörung und Armut mobilisieren und in Rio und Kopenhagen präsent waren, hatte noch nicht Raum gegriffen. Doch während die Distanz des Volkes hier zu „seinen" Volksvertretern proportional zu deren Diätenerhöhungen zunimmt, verringerte sich in Rio und Kopenhagen, Kairo und Peking diese Distanz. Die Landfrau neben dem Weltbankrepräsentanten, die Lobbyistin neben dem Regierungsvertreter, in Peking schließlich auch die Terre-des-Femmes-Frau in kurzen Hosen neben dem deutschen Delegationsmitglied – solche Bilder sind bei den UN-Konferenzen normal. Wenn sie zu uns übermittelt werden, brechen sie die Normalität des Die-da-oben-Wir-da-unten auf, die wir für unumstößlich und unveränderbar hielten.

Die Landfrau, die Lobbyistin, die Vertreterin der Frauenorganisation – sie alle sitzen nicht nur neben den offiziellen Delegierten, sondern sind ausdrücklich anerkannte, für ihre Kompetenzen respektierte Gegenüber der Regierungen. So besagt es jedenfalls der bei den Vereinten Nationen wehende Geist der Partnerschaft mit den NGOs. Bekanntlich sieht die Realität immer anders aus als die Theorie. Doch die Selbstverständlichkeit und massive Präsenz, mit der sich die NGOs bei internationalen Regierungsgipfeln bewegen, wäre im Deutschen Bundestag undenkbar. Kaum vorstellbar wäre folgende Szene: Die Reporter lassen die Herren von Regierung und Opposition einfach vor sich hin debattieren, umringen statt dessen scharenweise Bella Abzug, die große alte Dame von WEDO, die, von Fuß bis Hut in kämpferisches Feuerrot gekleidet, Audienz hält ... Bilder wie diese, in Kairo oder Peking nicht außergewöhnlich, können Elemente direkter Demokratie ins Herz des Demokratiedefizits westlicher Gesellschaften transportieren. Sie enthalten ein utopisches Moment, wecken das Bedürfnis nach einem neuen Verhältnis zwischen Politik und Gesellschaft. Die Auseinandersetzung um Sinn oder Unsinn des Lobbyings bei Weltkonferenzen erfordert so auch eine Selbstreflexion über die Geschichte der bundesrepublikanischen Frauen-, Ökologie- und linken Bewegung, die zwischen Anpassung an die parlamentarischen Spielregeln und strikter Abgrenzung gegen die repräsentative Demokratie zerrieben wurden, ohne eine über den Parlamentarismus hinausführende politische Kultur zu entwickeln.

So geht es vorerst vor allem darum, in der internationalen Bewegung Momente zu finden, die über das Bestehende hinausführen – Momente von Zukunft –, und sie für Veränderung zu nutzen. Das heißt nicht, sich an der Frage abzuarbeiten, ob Huairou, Beijing, Kairo usw. Erfolge oder Mißerfolge waren. Erfolg oder Mißerfolg – derlei Bewertungsschemata gehören ins Gruselkabinett der westlichen Gesellschaften von Siegertypen, die heute Angst haben, die Zukunft nicht zu schaffen. Zukunft wird von der Fähigkeit abhängen, sich auf einer nicht-hierarchischen Ebene zu verbinden und gemeinsam die Kraft zum Überleben wie auch die Vision eines neuen Zeitalters zu entwickeln. Während das Kapital international agiert, während die Globalisierung nationale Handels- und Investitionsbarrieren aufhebt, werden die Menschen in nationalstaatlichen Grenzen voneinander getrennt gehalten. Diese Logik gilt es zu durchkreuzen. Es gilt, von den Möglichkeiten, die die Globalisierung eröffnet, Gebrauch zu machen. Es gilt, sich analytisch, theoretisch, politisch, praktisch über die nationalen Beschränkungen hinauszubewegen und zur Beschäftigung mit strukturellem Wandel zu gelangen.

Dieser Wandel ist nicht abstrakt, sondern konkret – in den vielen Feminismen, in den vielfältigen Feminismen, im Prozeß von Koalitionen und Allianzen für eine menschenwürdige Zukunft. Nicht nebeneinander, sondern miteinander.

Für den Feminismus westlicher Prägung bedeutet das, die alte Abgrenzung zwischen traditionellen Frauenorganisationen und neuer Frauenbewegung (die so neu ja inzwischen nicht mehr ist) zu überdenken und zu produktiven Möglichkeiten der Zusammenarbeit zu kommen. Es bedeutet, sich international erarbeitete Dokumente – die Plattformen der Weltfrauenkonferenz und der vorangegangenen UN-Konferenzen – zu eigen zu machen und für die nationale Umsetzung zu kämpfen. Auch wenn wir uns naserümpfend fragen mögen, was wir mit komplizierten Passagen über reproduktive Rechte und sexuelle Selbstbestimmung anfangen sollen, die wir doch längst zu haben meinen, werden wir genügend finden, das bei uns noch nicht umgesetzt ist. Zudem sollten wir uns das nächste Jahrtausend als eines internationaler Frauenrechte denken, für deren Verwirklichung alle gemeinsam eintreten – und sich so aus der nationalen Zersplitterung und Ohnmacht befreien.

Sich in einen Prozeß der Allianzen hineinzubegeben, bedeutet schließlich, sich mit dem Süden, dem Osten, aber auch dem Süden im Norden und dem Osten im Westen auseinanderzusetzen. Der Rassismus in der Frauenbewegung, die kaum vorhandene Zusammenarbeit mit Migrantinnen, die Spaltung zwischen „West"- und „Ost"frauen sind offene Wunden der deutschen Frauenbewegung. Beijing hat sie nicht geheilt.

Die schwierigste Herausforderung ist so vielleicht die Auseinandersetzung mit uns selbst. „Weltwärts, Schwestern!" meint nicht nur, die äußere Welt zu entdecken, sich auf die Schwestern in anderen Ländern zuzubewegen – es meint zugleich die Erforschung der inneren Welt, der inneren Barrieren. Europa ist alt und mürbe geworden, die es bewohnen, sind brüchig in ihren Identitäten, weil sie bestimmte Arten der Herrschaft zu lange ausgeübt und/oder ertragen haben. Grundmuster dieser Herrschaft ist das

Herr-Knecht-Modell, die umkehrbare Komplementarität, in der einer immer der Täter ist und der andere der, dem etwas angetan wird. Die Struktur von Subjekt und Objekt durchdringt das Geschlechterverhältnis und alle unsere sozialen Beziehungen. Diese Logik verhindert die Entstehung eines intersubjektiven Raums: „Jenen offenen Raum, in dem die gegenseitige Anerkennung der Subjekte gegen die umkehrbare Herrschaftsbeziehung bestehen könnte“ (Benjamin 1993).

Diese Erkenntnis erweist sich gerade dann als zutreffend, wenn wir konfrontiert sind mit dem, was außerhalb des geschlossenen Raums der Geschlechterpolarität liegt: Migrantinnen und schwarze Frauen in Deutschland, die für uns Minderheiten sind, und die internationale Frauenbewegung, in der wir objektiv betrachtet eine Minderheit sind. Solange das Zusammentreffen mit diesen anderen die Grundmuster der Herrschaft in uns aktiviert, solange wir im Gefüge von überlegen/unterlegen, von Täter/Opfer denken, wird Begegnung nach wie vor den Waffenstillstand gleichstarker Kräfte voraussetzen. Und damit nicht stattfinden. Denn immer werden entweder sie oder wir Minderheit sein.

Doch unsere Auffassung von menschlichem Dasein, menschlichem Beisammensein ist nicht universell. Sie wird von den meisten Frauen dieser Erde nicht geteilt. Teil der internationalen Frauenbewegung zu werden, bedeutet, den geschlossenen Raum, das System, in dessen Mittelpunkt weiße Männer stehen, zu verlassen und sich in ein Netzwerk von schwarzen Frauen, indigenen Frauen, Frauen des Südens zu begeben – in ihren intersubjektiven Raum. Wir betreten diesen Raum, indem wir uns in Beziehung zu ihnen setzen. Das bedeutet tiefgreifende Veränderungen in der Selbstdefinition. Denn objektiv gesehen, sind wir im Verhältnis zu ihnen: nicht-schwarz, Nicht-Migrantin, Nicht-Flüchtling, Nicht-Ureinwohnerin, keine Bewohnerin kleiner Inselstaaten. Oder einfach eine weitere Spezies in der globalen Vielfalt, ohne besondere Wichtigkeit. So war es ja auch bei dem Forum in Huairou: Die Frauen der Welt hatten nichts gegen unsere Anwesenheit, sie maßen uns aber auch keine besondere Bedeutung bei. Begegnen können wir ihnen nicht im Herr-Knecht- oder Herrin-Sklavin-

Modell, in dem entweder wir uns als die überlegene Rasse sehen oder aber sie zu den „starken Frauen“ hochstilisieren und unsere Wünsche nach Macht und Unschuld auf sie projizieren. Begegnen können wir ihnen, indem wir das Grundmuster von Herrschaft, die Logik der umkehrbaren Herrschaftsbeziehung durchbrechen in gegenseitiger Bejahung und Anerkennung.

Das bedeutet auch einen neuen Blick auf uns selbst, ein friedlicheres, freundlicheres Verhältnis zu uns selbst, eine positive neue Selbstdefinition am Ende des Weges hinein in den offenen Raum. Es ist für niemanden leicht, „Welt“ zu denken. „Als ich das Bombardement des Ozeans im Fernsehen sah, weinte ich“, berichtete eine Forums-Teilnehmerin aus der Pazifik-Region am Tag nach dem französischen Atomtest im Mururoa-Atoll. „Dann erschrak ich, weil das Bombardement von Menschen anderswo in der Welt mich gar nicht mehr berührte.“ Sich von den anderen und dem, was sie betrifft, berühren zu lassen, ist die Grundlage menschlichen Miteinanders. Daß das archaische Bedürfnis nach Grenzaufhebung, die magische Anziehung der Grenzenlosigkeit auch in der westlichen Gesellschaft existiert, zeigen beispielsweise die „Raves“ der Techno-Generation bis in die frühen Morgenstunden hinein. Der kurzzeitige Verlust der Ichgrenzen in der ekstatischen Masse ist jedoch nur ein Ventil für die angestauten Ängste und Bedürfnisse der Individuen. Auf dem Weg in die Zukunft muß das Glücksgefühl des Zusammenkommens mit der Einsicht in die Bedingungen der anderen und der Suche nach gemeinsamen Lösungen verbunden werden. Erst dadurch können sich die Seiten des Ichs, die in der von der Außenwelt abgekapselten westlichen Kultur und ihrer Subjekt-Objekt-Struktur unterdrückt sind, entfalten – in grenzenüberschreitenden Koalitionen und Allianzen.

So gewinnt der Begriff „Sisterhood“ Sinn: im Rahmen eines historischen Prozesses, in dem Frauen das, was Zukunft ausmachen kann, auf ihre Seite bringen – die Werte alter Zivilisationen und Kulturen; die Erfahrungen der Revolutionen und Revolten; die Kämpfe um die Gleichberechtigung der Geschlechter; die technischen Errungenschaften, wie beispielsweise die Kommunikationstechnologie. All das kann für eine frauenzentrierte Entwicklung genutzt werden. All das kann integriert werden in ein neues Modell globalen Zusammenlebens. Europa hätte darin seinen Platz. Es könnte seine Furcht vergessen, sich beruhigt zurücklehnen, seine Sprachen und Visionen finden im Chor der Vielfalt. Die Zukunft hat schon begonnen – wir müssen nur lernen, den Stimmen zuzuhören, die von ihr sprechen, und uns in den Dialog mit ihnen zu begeben.

Jessica Benjamin, Die Fesseln der Liebe. Psychoanalyse, Feminismus und das Problem der Macht. Frankfurt am Main, 1993

Zeittafel

1975	Erste Weltfrauenkonferenz in Mexiko-City
1980	Zweite Weltfrauenkonferenz in Kopenhagen
1985	Dritte Weltfrauenkonferenz in Nairobi
1992	UN-Konferenz über Umwelt und Entwicklung in Rio de Janeiro
1993	UN-Menschenrechtskonferenz in Wien
1994	UN-Bevölkerungskonferenz in Kairo
1995	UN-Sozialgipfel in Kopenhagen
30.8.-8.9.1995	Forum der Nichtregierungsorganisationen in Huairou – mit ca. 30.000 Teilnehmerinnen das größte NGO-Treffen in der Geschichte
4.-15.9.1995	Vierte Weltfrauenkonferenz in Beijing Mit 17.000 Teilnehmerinnen – darunter 5.000 offizielle Delegierte, 4.000 NGO-Vertreterinnen und 3.200 Journalistinnen – war sie die größte Konferenz, die jemals unter UN-Schirmherrschaft stattfand.

Abkürzungen

Alt-WID	Alternative Women in Development (Entwicklungsalternativen für Frauen, Netzwerk mit Sitz in Washington)
APC	Association for Progressive Communication (Vereinigung für fortschrittliche Kommunikation, Zusammenschluß, der u.a. Dienste im Internet anbietet)
BMFSFJ	Bundesministerium für Familie, Senioren, Frauen und Jugend
CNN	Cable News Network (kommerzieller amerikanischer Nachrichtensender mit weltweiter Verbreitung)
DAWN	Development Alternatives with Women for a New Era (Netzwerk von Frauen aus Afrika, Asien und Lateinamerika)
ECE	Economic Commission for Europe (Wirtschaftskommission der Vereinten Nationen für Europa)
FAO	Food and Agriculture Organization (Ernährungs- und Landwirtschaftsorganisation der Vereinten Nationen)
ICPD	International Conference on Population and Development (Weltbevölkerungskonferenz der Vereinten Nationen 1994 in Kairo)
ILO	International Labour Organization (Internationale Arbeitsorganisation)
INSTRAW	Institute for the Training and Advancement of Women (Frauenforschungsinstitut der Vereinten Nationen)
ITC	International Trade Centre (Internationales Handelszentrum)
NGO	Non Governmental Organization (Nichtregierungsorganisation)

NRO	Nichtregierungsorganisation
TNC	Transnational corporation (multinationaler Konzern)
UN	United Nations (Vereinte Nationen)
UNESCO	United Nations Educational, Scientific and Culture Organization (Organisation der Vereinten Nationen für Erziehung, Wissenschaft und Kultur)
WEDO	Women's Environment and Development Organization (internationale Frauenorganisation mit Sitz in New York)
WIDE	Women in Development Europe (frauen- und entwicklungsspezifisches Netzwerk mit Sitz in Brüssel)
WISTAT	Women's Indicators and Statistics Data Base (vom Sekretariat der Vereinten Nationen geschaffene Datenbank, die systematisch frauenspezifisches Datenmaterial aus der ganzen Welt zusammenträgt und so eine Analyse globaler Trends ermöglicht)

Glossar

Air China – chinesische Fluggesellschaft

Aktionsplattform von Peking – wurde zusammen mit der Erklärung von Peking am 15. September 1995 als Abschlußdokument der vierten Weltfrauenkonferenz verabschiedet.

Area – Fläche, Raum, Platz, Zone.

Beijing – international gebräuchlich für Peking.

Caucus – indianisches Wort für Versammlung. Hat sich bei UN-Konferenzen als Bezeichnung für Versammlungen der NGOs eingebürgert.

Cross-Cultural Black Women's Studies Institute – Internationales, interkulturelles Netzwerk, das von schwarzen Frauen gegründet wurde und Kooperationen von Frauen aus verschiedenen Nationen und Kulturen fördert.

Gender-Issue – Geschlechterfrage, Frauenbelange. *Gender* wird im Englischen als soziale Kategorie von der biologischen Kategorie *Sex* unterschieden.

Mainstream – Hauptströmung der Gesellschaft.

Nachhaltige Entwicklung – im Englischen: sustainable development: umweltgerechte, tragfähige Entwicklung.

NGO-Lounge – in Peking Bezeichnung für den Raum der NGOs bei der offiziellen Konferenz.

Women of Color – „Farbige Frauen". Die Verwendung des Begriffs verbindet Frauen afrikanischen, asiatischen, pazifischen und indigen-amerikanischen Ursprungs, Latinas und Frauen aus dem Mittleren Osten, die Opfer weißer Vormachtstellung und patriarchalischer Unterdrückung sind. Er schafft damit Grundlagen für eine gemeinsame Organisierung.

Danksagung

Viele Redebeiträge beim Forum der Nichtregierungsorganisationen in China begannen mit „I want to share with you“, „Ich möchte mit Euch teilen“ ... Geteilt wurden Erfahrungen und Erkenntnisse, Ansichten und Einsichten, Schmerzliches und Schönes, Informationen und Ideen, Analysen und Handlungsperspektiven. In diesem Sinne möchte ich allen Frauen danken, die vor, während und nach der Weltfrauenkonferenz etwas mit mir geteilt und so zum Zustandekommen dieses Buches beigetragen haben.

Mein besonderer Dank gilt Christine Buchheit, Lektorin des Dietz-Verlags, für ihr großes Engagement.

Literaturhinweis

Aktuelle Materialien zum Thema

Bericht über die menschliche Entwicklung 1995, veröffentlicht für das Entwicklungsprogramm der Vereinten Nationen (UNDP), Deutsche Gesellschaft für die Vereinten Nationen e.V., Bonn 1995

The World's Women 1995. Trends and Statistics, United Nations, New York 1995

Women: Looking Beyond 2000, United Nations, New York 1995

Women in a Changing Global Economy. 1994 World Survey on the Role of Women in Development, United Nations, New York 1995

Die Autorin

Anja Ruf, geboren 1956, Dr. phil, Politologin, lebt als freie Journalistin und Autorin für Printmedien in Frankfurt. Sie ist Korrespondentin von epd-Entwicklungspolitik. Sie war bereits Teilnehmerin an der Weltmenschenrechtskonferenz 1993 und an der Weltbevölkerungskonferenz 1994. An der Weltfrauenkonferenz nahm sie innerhalb der Gruppe des deutschen NRO-Netzwerkes teil und beobachtete sowohl das NRO-Treffen als auch den offiziellen Regierungsgipfel.